LES CONTINENTS

AMÉRIQUE DU NORD

MALCOLM PORTER et KEITH LYE

HURTUBISE HMH

HURTUBISE HMH

www.hurtubisehmh.com

Texte : Keith Lye
Illustrations : Malcolm Porter et Raymond Turvey
Maquette : AS Publishing
Mise en page : Geai Bleu Graphique
Traduction : Catherine Broué

Titre original de cet ouvrage :
North America

Édition originale publiée en Grande-Bretagne
par Cherrytree Books
327 High Street
Slaugh Berkshire SL1 1TX

Dépôt légal : B.N. Québec 4e trimestre 2001
B.N. Canada 4e trimestre 2001

Éditions Hurtubise HMH ltée
1815, avenue De Lorimier
Montréal (Québec) Canada
H2K 3W6
Téléphone: (514) 523-1523
Télécopieur: (514) 523-9969

Données de catalogage avant publication (Canada)
Porter, Malcolm
Amérique du Nord
(Collection Les Continents)
Traduction de : North America.
Comprend un index.
Pour les jeunes de 9 ans et plus.
ISBN 2-89428-507-8
1. Amérique du Nord – Ouvrages pour la jeunesse. I. Lye, Keith. II. Titre. III. Collection.

E38.5.P6714 2001 j970 C2001-940725-4

Les Éditions Hurtubise HMH bénéficient du soutien financier des institutions suivantes pour leurs activités d'édition :
— Gouvernement du Canada par l'entremise du Programme d'aide au développement de l'industrie de l'édition (PADIÉ);
— Programme de crédit d'impôt pour l'édition de livres du gouvernement du Québec.

Imprimé à Hong Kong

LES CONTINENTS

L'AMÉRIQUE DU NORD

Le présent atlas illustré combine cartes, photographies, illustrations, drapeaux, figures et tableaux pour donner à la fois une image d'ensemble du continent et des renseignements plus détaillés sur chacun des pays qui le constituent.

PRÉSENTATION DE CHAQUE PAYS

Chaque double page comprend les éléments suivants :

Introduction – Présentation des faits les plus importants sur le pays ou la région.

Cartes de situation – Situation du pays dans le continent et dans le monde.

Drapeaux – Illustration du drapeau de chaque pays.

Renseignements – Pour chaque pays sont indiqués la superficie, le nombre d'habitants, le nom de la capitale et, le cas échéant, la monnaie utilisée, la religion, les langues officielles, les principales villes et le type de gouvernement.

Illustrations – Des images accompagnées d'une légende caractérisent chaque pays. Topographie, personnalités, habitants, animaux, plantes, lieux, produits, donnent un aperçu du pays étudié.

Cartes – Une carte claire et précise situe chaque pays. Pour tirer le meilleur parti de chaque carte, il est préférable de connaître les symboles énumérés dans le tableau de la page en regard.

Végétation – Les différents coloris indiquent les régions boisées, désertiques ou polaires.

Altitude – Le relief est indiqué par des zones ombrées. Chaque sommet est marqué d'un triangle.

Orientation – Toutes les cartes sont orientées de manière à ce que le nord figure en haut de la page.

Échelle – Toutes les cartes sont dessinées à l'échelle pour permettre l'évaluation des distances.

0 200 milles
0 200 kilomètres

POUR COMPRENDRE LES CARTES

CANADA	Nom du pays
TEXAS	Nom de la province ou de l'État
	Frontière
■	Plus d'un million d'habitants
•	Plus de 500 000 habitants
·	Moins de 500 000 habitants
□	Capitale du pays
★	Capitale de la province ou de l'État
Montagnes rocheuses	Chaîne de montagnes
▲ *Mont McKinley 6 194 m*	Sommet et altitude
∴ *Tikal*	Site archéologique

Ohio	Rivière
	Canal
	Lac
	Barrage
	Île

	Forêt
	Culture
	Prairie sèche
	Désert
	Toundra
	Zone polaire

** Dans de nombreuses grandes villes comme Boston, la population métropolitaine est plus nombreuse que ne l'indiquent les chiffres fournis pour la ville. Un encadré plus gros autour du point signale de tels cas.*

GROS PLAN SUR LES CONTINENTS

Peuples et croyances – Carte de densité des populations; représentation graphique du pourcentage de la population dans chaque pays; représentation graphique des régions; carte des religions; carte des principaux groupes religieux.

Climat et végétation – Carte de végétation des zones polaires jusqu'aux déserts; carte des températures hivernales et estivales; carte des précipitations annuelles; diagramme des climats montagneux.

Écologie et environnement – Carte des catastrophes et des dommages écologiques; carte des zones de tremblements de terre, d'éruptions volcaniques, d'ouragans et de tornades; représentation graphique de l'effet de serre; encadré sur les espèces animales et végétales menacées de disparition

Économie – Carte de l'agriculture et des produits industriels; graphique du produit national brut de chaque pays; encadré expliquant la signification du produit national brut per capita; carte des sources d'énergie.

Politique et histoire – Carte des systèmes politiques; tableau des principaux événements; chronologie des dates importantes; encadré montrant un navire viking et la sonde Voyager; carte de localisation des principaux événements de l'histoire nord-américaine.

Index – Tous les noms figurant sur les cartes et les illustrations sont répertoriés dans un index situé à la fin du présent volume.

TABLE DES MATIÈRES

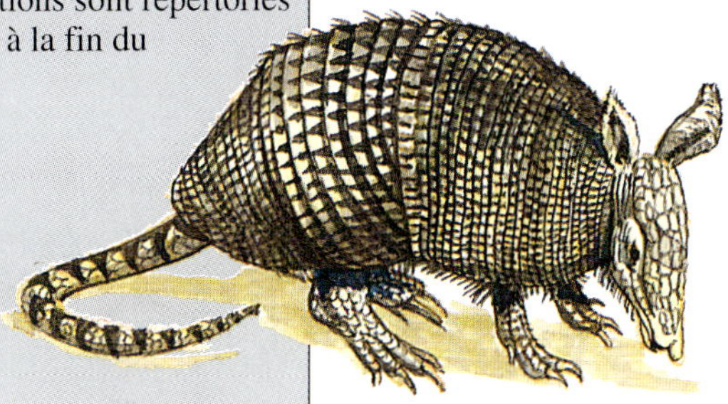

Tatou,
voir page 18.

AMÉRIQUE DU NORD

L'Amérique du Nord est le troisième continent en importance après l'Asie et l'Afrique. Les deux plus grands pays de ce continent, le Canada et les États-Unis, figurent parmi les plus riches du monde. Ils disposent de nombreuses industries de haute technologie et la plupart de leurs habitants jouissent d'un niveau de vie confortable. Le Mexique et les pays de l'Amérique centrale et des Caraïbes ont des revenus faibles ou moyens.

Le climat de l'Amérique du Nord varie énormément du nord au sud. Une immense calotte glaciaire recouvre la majeure partie du nord-est du Groenland, tandis que des calottes de glace plus petites recouvrent le nord du Canada.

Les **baleines** sillonnent le large des côtes ouest de l'Amérique du Nord, pour le plus grand plaisir des gens qui viennent les observer. Beaucoup de Nord-Américains croient qu'il faudrait contrôler le développement du sol et des mers afin de préserver la faune et les merveilles de la nature.

Le **Golden Gate** de San Francisco, en Californie, compte parmi les points d'intérêt les plus connus de l'Amérique du Nord. La ville de San Francisco a été reconstruite après sa destruction par un tremblement de terre de forte intensité, en 1906.

Les **jours de marché**, durant lesquels les agriculteurs vendent leurs produits et achètent des marchandises, constituent des événements importants en Amérique centrale. L'agriculture emploie plus de 30 pour 100 de la population nord-américaine des tropiques. Beaucoup de ces gens sont pauvres et luttent pour leur survie.

Des **moissonneuses-batteuses** sont utilisées dans les immenses fermes céréalières du Canada et des États-Unis. L'agriculture y est fortement mécanisée et n'emploie que 3 pour 100 de la population. Toutefois, elle est beaucoup plus productive que dans les pays situés plus au sud.

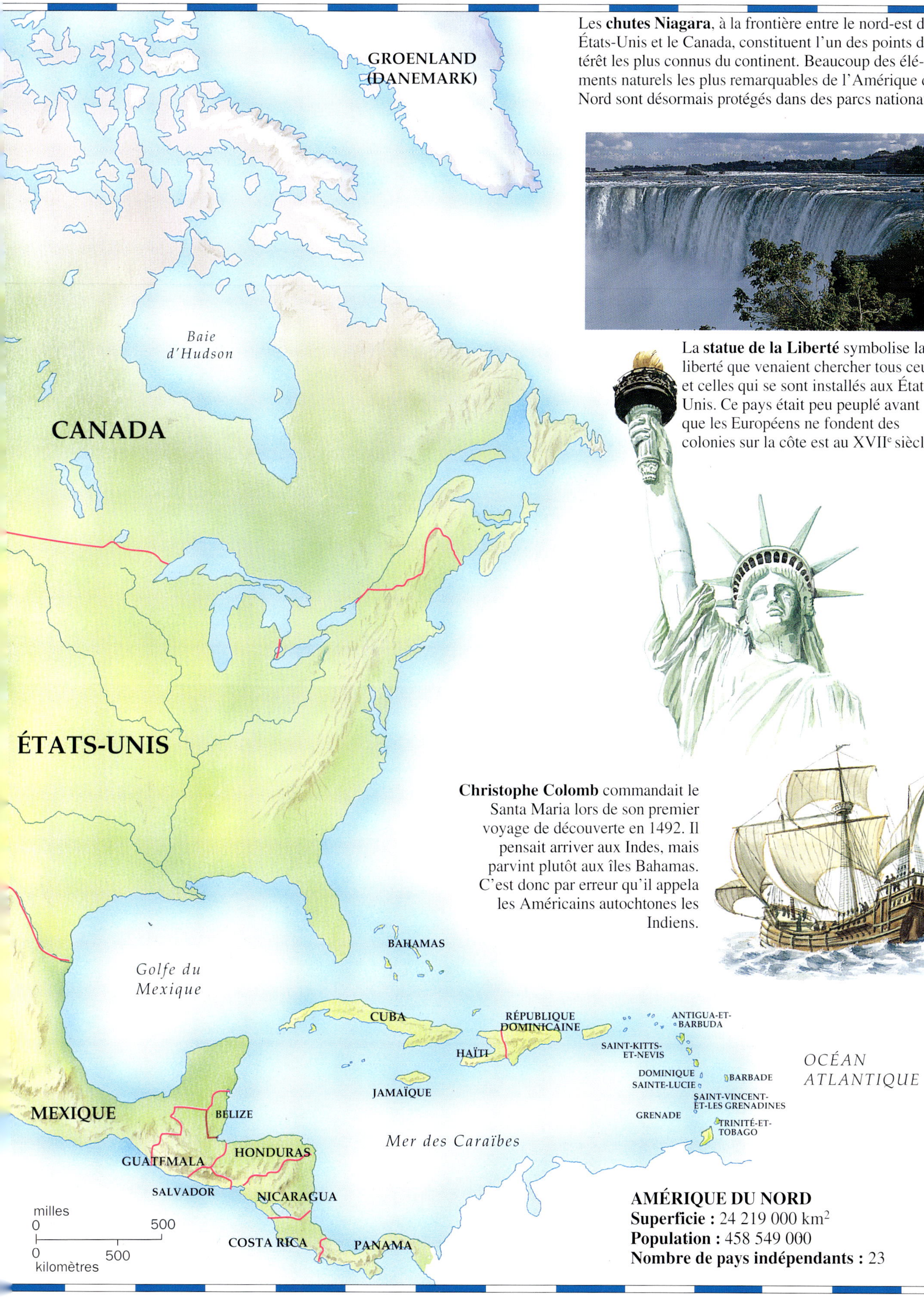

Les **chutes Niagara**, à la frontière entre le nord-est des États-Unis et le Canada, constituent l'un des points d'intérêt les plus connus du continent. Beaucoup des éléments naturels les plus remarquables de l'Amérique du Nord sont désormais protégés dans des parcs nationaux.

La **statue de la Liberté** symbolise la liberté que venaient chercher tous ceux et celles qui se sont installés aux États-Unis. Ce pays était peu peuplé avant que les Européens ne fondent des colonies sur la côte est au XVIIe siècle.

Christophe Colomb commandait le Santa Maria lors de son premier voyage de découverte en 1492. Il pensait arriver aux Indes, mais parvint plutôt aux îles Bahamas. C'est donc par erreur qu'il appela les Américains autochtones les Indiens.

AMÉRIQUE DU NORD
Superficie : 24 219 000 km^2
Population : 458 549 000
Nombre de pays indépendants : 23

Canada et Groenland

Le Canada est le deuxième pays du monde en termes de superficie. Seule la Russie est plus étendue. La plus grande partie du territoire canadien connaît des hivers rigoureux et la majorité de ses habitants vivent dans une zone de 320 km près de la frontière sud que le pays partage avec les États-Unis. Les premiers habitants du Canada sont les Amérindiens, mais la plupart des Canadiens d'aujourd'hui descendent d'immigrants français et britanniques.

Le Groenland est la plus grande île du monde. Il constitue une partie autonome du Danemark.

CANADA

Superficie : 9 976 139 km²
Point culminant : Mont Logan, 6 050 m
Population : 29 964 000
Capitale : Ottawa (312 000 hab.)
Villes principales: Toronto (4 264 000 hab.)
Montréal (3 327 000 hab.)
Vancouver (1 832 000 hab.)
Langues officielles : Anglais, français
Religion : Catholique : 45 %, protestante : 36 %, orthodoxe d'Orient : 2 %, autres : 17 %.
Gouvernement : Monarchie constitutionnelle fédérale
Monnaie : Dollar canadien

GROENLAND

Superficie : 2 175 600 km²
Population : 58 000
Capitale : Nuuk (anc. Godthab)
Gouvernement : partie autonome du Danemark

SAINT-PIERRE-ET-MIQUELON

Superficie : 242 km²
Population : 6 000
Capitale : Saint-Pierre
Gouvernement : territoire français

Un **réseau ferroviaire** était important pour couvrir un pays aussi vaste que le Canada. Les deux principales compagnies de chemin de fer sont le Canadien National (CN), propriété du gouvernement, et le Canadien Pacifique (CP), une compagnie privée.

Les **Rocheuses** sont une vaste chaîne de montagnes dans l'ouest du Canada. La chaîne qui borde l'océan Pacifique s'élève à l'ouest des Rocheuses. La montagne la plus haute est le mont Logan au nord-ouest du pays.

Les **Inuits** vivent dans le nord du Canada, surtout dans le nouveau territoire du Nunavut. Traditionnellement, les Inuits vivaient de pêche et de chasse à la baleine et au phoque. Maintenant la plupart ont abandonné leur ancien mode de vie.

La **Tour du CN**, une tour de communication et d'observation située à Toronto, constitue la structure auto-portante la plus haute du monde avec ses 553 m de haut. Toronto, située au bord du lac Ontario, est la plus peuplée des agglomérations canadiennes.

La **feuille d'érable** est le symbole national du Canada. On fabrique le sirop et le sucre d'érable à partir de la sève de l'arbre. Le sirop d'érable est un produit important de l'Ontario et du Québec. Il est apprécié sur les crêpes ou les gaufres du petit déjeuner.

Est du Canada

On englobe dans l'Est du Canada les quatre provinces de l'Atlantique, l'Ontario et le Québec. Cette région couvre moins d'un tiers du Canada, mais abrite environ 70 pour 100 de sa population. Le secteur le plus densément peuplé se trouve le long des rives des lacs Érié et Ontario et de la vallée du fleuve Saint-Laurent. Ce dernier forme, avec de nombreux lacs, canaux et plans d'eau, une voie d'eau importante appelée Voie maritime du Saint-Laurent, dans laquelle se déversent les eaux de toute la région des Grands Lacs.

Les **phoques** fréquentent les côtes de l'Est du Canada. La chasse aux blanchons, les petits du phoque du Groenland, dont on récoltait la fourrure, est désormais interdite.

Samuel de Champlain, un explorateur français, a contribué à la colonisation du Canada français au début du XVIIe siècle. Beaucoup d'habitants du Canada parlent français, surtout dans la province de Québec.

Les **castors** vivent dans les rivières et les lacs des régions boisées. Ils abattent les arbres avec leurs dents et en utilisent les branches pour construire des barrages et des huttes à demi-submergées qui abriteront leurs petits.

Le **hockey**, ou hockey sur glace, est le sport national du Canada. Ce sport rapide et captivant pratiqué sur une patinoire a fait son apparition dans ce pays au milieu du XIXe siècle. Il a maintenant été adopté par de nombreux pays.

ONTARIO
Superficie : 1 068 580 km²
Population : 11 407 700
Capitale : Toronto

QUÉBEC
Superficie : 1 540 680 km²
Population : 7 419 900
Capitale : Québec

TERRE-NEUVE
Superficie : 405 720 km²
Population : 563 600
Capitale : St John's

NOUVELLE-ÉCOSSE
Superficie : 55 490 km²
Population : 947 900
Capitale : Halifax

NOUVEAU-BRUNSWICK
Superficie : 73 440 km²
Population : 762 000
Capitale : Fredericton

ÎLE-DU-PRINCE-ÉDOUARD
Superficie : 5 660 km²
Population : 137 200
Capitale : Charlottetown

Les **oies** sont très abondantes au Canada. L'oie blanche, dont la pointe des ailes est noire, niche dans l'Arctique, mais migre vers le sud en hiver.

La **pêche** est importante dans l'Est du Canada. Les Grands Bancs, au large de Terre-Neuve, constituent l'un des lieux de pêche les plus riches du monde.

Québec, la plus ancienne ville du Canada, possède un port de grande importance. Elle a été fondée en 1608 par Samuel de Champlain. La plupart des Québécois sont de descendance française, et beaucoup d'entre eux aimeraient que leur province devienne un pays indépendant de langue française

Ouest du Canada

L'Ouest du Canada comprend quatre provinces – l'Alberta, la Colombie-Britannique, le Manitoba et la Saskatchewan – et trois territoires – les Territoires du Nord-Ouest, le Nunavut, qui a été créé en 1999, et le Territoire du Yukon. On y trouve de vastes plaines appelées Prairies, de hautes montagnes vers l'ouest et la côte du Pacifique. Au nord, les trois territoires sont faiblement peuplés : moins de un Canadien sur cent y habite.

La **police montée**, officiellement appelée Gendarmerie royale du Canada, sillonnait autrefois de vastes territoires peu peuplés à la poursuite de hors-la-loi. Aujourd'hui, elle utilise habituellement des véhicules motorisés.

Vancouver est la plus grande ville de l'Ouest canadien. C'est aussi un port majeur et le terminus occidental des lignes de chemin de fer du Canadien Pacifique et de la Compagnie des chemins de fer nationaux du Canada. La transformation alimentaire et la transformation de produits du bois y constituent les deux principales industries.

Les **traîneaux à chiens** sont toujours un moyen de transport important dans les régions enneigées des Territoires du Nord-Ouest, du Nunavut et du Yukon. Ils ont été inventés par les Inuits, qui les fabriquaient avec du bois et élevaient des chiens Husky pour les tirer.

ALBERTA
Superficie : 661 190 km^2
Population : 2 847 000
Capitale : Edmonton

COLOMBIE-BRITANNIQUE
Superficie : 947 800 km^2
Population : 3 933 000
Capitale : Victoria

MANITOBA
Superficie : 649 950 km^2
Population : 1 145 200
Capitale : Winnipeg

SASKATCHEWAN
Superficie : 652 330 km^2
Population : 1 023 500
Capitale : Regina

TERRITOIRES DU NORD-OUEST
Superficie : 1 224 920 km^2
Population : 45 500
Capitale : Yellowknife

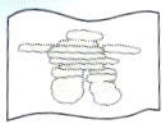
NUNAVUT
Superficie : 2 201 400 km^2
Population : 22 000
Capitale : Iqaluit

YUKON
Superficie : 483 450 km^2
Population : 31 600
Capitale : Whitehorse

On rencontre les **ours polaires** le long des côtes septentrionales du Canada et au Groenland. Leur nombre régresse, car ils ont été chassés pour leur fourrure de grande valeur. Au Canada et dans d'autres pays, des efforts sont déployés pour protéger ces grands mammifères.

Mâts totémiques. Ces grandes sculptures taillées dans du bois représentent des animaux ou d'autres objets naturels; ils symbolisent des familles ou des groupes autochtones. Les plus spectaculaires se retrouvent le long du littoral canadien du Pacifique.

Les **forêts**, de conifères pour la plupart, constituent l'une des nombreuses ressources naturelles du Canada. Le pays est un chef de file dans la production de bois d'œuvre; il exporte aussi beaucoup de minéraux. Le Canada produit du pétrole, du gaz naturel, du cuivre, de l'or, du minerai de fer, du nickel, de l'uranium et du zinc.

États-Unis d'Amérique

Les États-Unis se classent au quatrième rang des pays du monde en termes de superficie, mais au troisième rang pour ce qui est de la population. Ce pays est constitué de 50 États, dont 48 forment un grand bloc entre le Canada et le Mexique. Le 49e État, l'Alaska, est situé à l'extrémité nord-ouest de l'Amérique du Nord, et le 50e, Hawaii, est une chaîne d'îles volcaniques dans le nord de l'océan Pacifique. Les États-Unis comprennent également le District de Columbia, où est située Washington, la capitale.

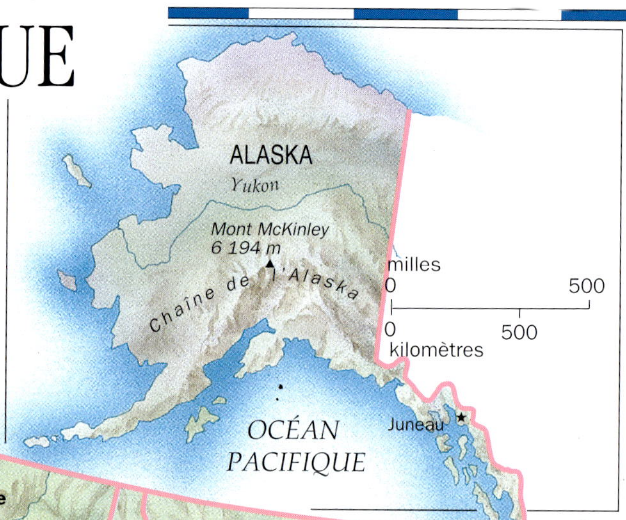

OCÉAN PACIFIQUE

George Washington, qui fut le premier président des États-Unis (1789-1797), commanda les troupes de la Continental Army contre l'armée britannique lors de la guerre d'Indépendance américaine (1775-1783). Sa victoire donna naissance aux États-Unis d'Amérique.

Les **Amérindiens** furent les premiers habitants du territoire appelé aujourd'hui États-Unis. Ils étaient venus d'Asie il y a au moins 10 000 ans.

Les **paysages** des États-Unis comprennent de grandes forêts, des prairies, des montagnes enneigées et des déserts. Beaucoup d'entre eux sont spectaculaires. C'est à Monument Valley, à la frontière de l'Utah et de l'Arizona, que l'on retrouve ces formations rocheuses impressionnantes.

ÉTATS-UNIS

Superficie : 9 529 063 km^2
Point culminant : Mont McKinley, 6 194 m
Population : 265 284 000

Capitale : Washington D.C. (543 000 hab.)
Villes principales : New York (7 381 000 hab.) Los Angeles (3 554 000 hab.) Chicago (2 722 000 hab.)
Langue officielle : Aucune (l'anglais est la langue la plus parlée aux États-Unis, suivie de l'espagnol)
Religion : Protestante : 58 %, catholique : 21 %, autres chrétiennes : 6,4 %, juive : 2,1 %, musulmane : 1,9 %
Gouvernement : République fédérale
Monnaie : Dollar américain

Le **pygargue à tête blanche** a été choisi comme emblème du pays en 1782. Ce rapace majestueux, victime de la chasse, de la pollution et de la destruction des espaces naturels, est désormais protégé.

New York, la plus grande ville des États-Unis, se découpe majestueusement sur l'horizon. Haut-lieu du divertissement, on l'appelle familièrement « Big Apple ». La ville est aussi le principal centre de la finance et des affaires du pays.

Le **baseball** est un sport tellement populaire qu'il est considéré comme le passe-temps national. L'origine de ce jeu remonte au milieu du XVIIIe siècle.

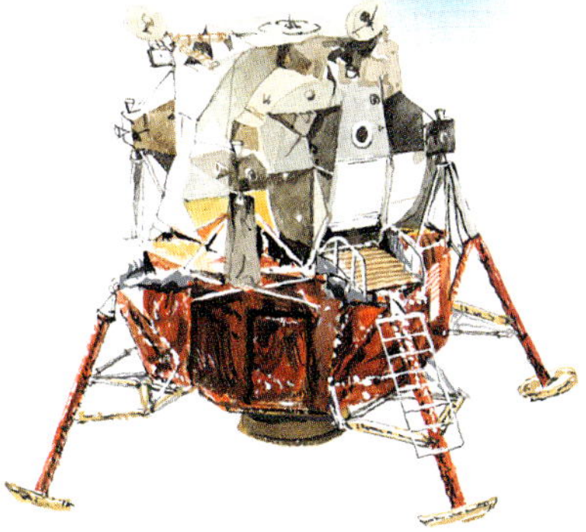

En 1969, l'**exploration de l'espace** a permis aux premiers astronautes de marcher sur la lune grâce à un module lunaire comme celui-ci. Les États-Unis utilisent maintenant des sondes pour explorer la planète Mars et le reste du système solaire.

États du Nord-Est

La région des États du Nord-Est comprend les six États de la Nouvelle-Angleterre, soit le Connecticut, le Maine, le Massachusetts, le New Hampshire, Rhode Island et le Vermont, ainsi que les États du Delaware, du Maryland, du New Jersey, de New York et de Pennsylvanie. La carte indique également la capitale du pays, Washington, qui est située dans un secteur appelé District de Columbia. Le Nord-Est comprend des terres agricoles fertiles, de grandes villes industrielles et de nombreux sites historiques.

La **Nouvelle-Angleterre** est une région historique qui formait une partie des 13 colonies britanniques qui constituèrent le noyau des États-Unis après la guerre d'Indépendance de 1775-1783. En automne, les forêts de la Nouvelle-Angleterre revêtent des couleurs flamboyantes.

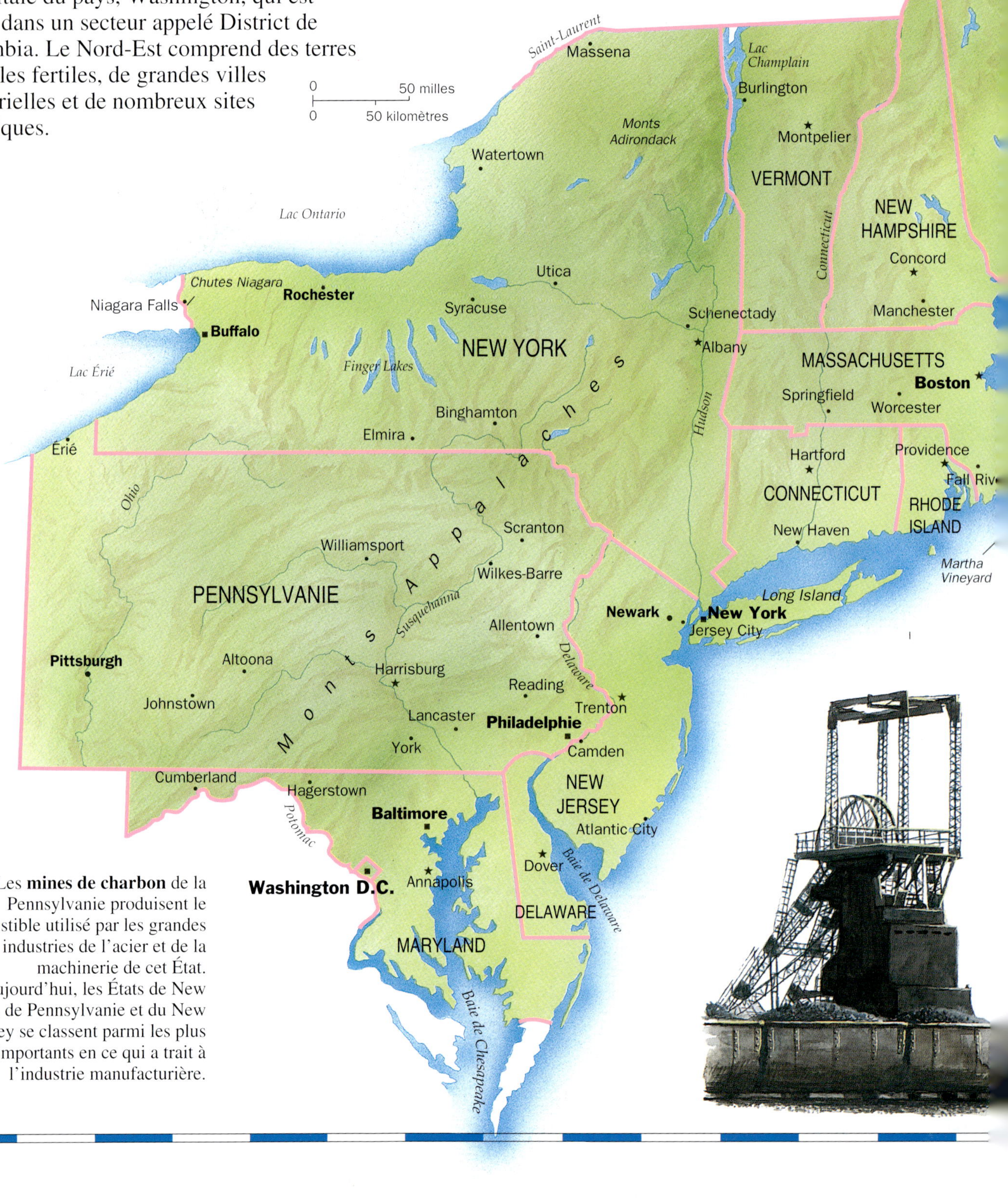

Les **mines de charbon** de la Pennsylvanie produisent le combustible utilisé par les grandes industries de l'acier et de la machinerie de cet État. Aujourd'hui, les États de New York, de Pennsylvanie et du New Jersey se classent parmi les plus importants en ce qui a trait à l'industrie manufacturière.

Le Capitole. C'est dans cet édifice de Washington D.C. que se réunit le Congrès (le Sénat et l'Assemblée parlementaire). Le président George Washington en posa la première pierre en 1793 et le Congrès y tint sa première réunion en 1800.

Les **ponts couverts** se caractérisent par la présence d'un toit et de côtés qui protègent la structure de bois des intempéries. Le premier long pont couvert aux États-Unis fut construit au Massachusetts en 1806.

Abraham Lincoln a été élu président des États-Unis en 1860 et son mandat s'est terminé en 1865 alors qu'il s'est fait assassiné. Il a dirigé le pays durant la Guerre Civile (1861-1865).

La cloche **Liberty Bell**, à Philadelphie, est un symbole de la liberté américaine. C'est elle qui annonça l'adoption de la Déclaration d'indépendance, le 8 juillet 1776. Elle se brisa en 1835 et ne sert plus depuis.

CONNECTICUT
Superficie : 12 997 km^2
Population : 3 274 000
Capitale : Hartford

DELAWARE
Superficie : 5 294 km^2
Population : 725 000
Capitale : Dover

MAINE
Superficie : 86 156 km^2
Population : 1 243 000
Capitale : Augusta

MARYLAND
Superficie : 27 091 km^2
Population : 5 072 000
Capitale : Annapolis

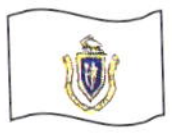

MASSACHUSETTS
Superficie : 21 455 km^2
Population : 6 092 000
Capitale : Boston

NEW HAMPSHIRE
Superficie : 24 032 km^2
Population : 1 162 000
Capitale : Concord

NEW JERSEY
Superficie : 20 168 km^2
Population : 7 988 000
Capitale : Trenton

NEW YORK
Superficie : 136 583 km^2
Population : 18 185 000
Capitale : Albany

PENNSYLVANIE
Superficie : 119 251 km^2
Population : 12 056 000
Capitale : Harrisburg

RHODE ISLAND
Superficie : 3 139 km^2
Population : 990 000
Capitale : Providence

VERMONT
Superficie : 24 900 km^2
Population : 589 000
Capitale : Montpelier

DISTRICT DE COLUMBIA
Superficie : 179 km^2
Population : 543 000

États du Sud-Est

Les États du Sud-Est comprennent de vastes plaines côtières et la partie sud de la magnifique chaîne des Appalaches. Cette région est riche en histoire. La Virginie, la Caroline du Nord, la Caroline du Sud et la Géorgie comptent parmi les treize colonies britanniques qui formèrent le noyau des États-Unis, et toute la région joua un rôle majeur durant la guerre de Sécession. Autrefois, ces États dépendaient de l'agriculture, mais l'industrie manufacturière y est aujourd'hui importante.

Le **Coca-Cola** est considéré comme le symbole de l'alimentation américaine partout dans le monde. Cette boisson fut créée à Atlanta en 1886 par un pharmacien, John S. Pemberton. La société Coca-Cola, fondée en 1892, en garde la composition secrète.

Stone Mountain, un mont granitique situé près d'Atlanta, Géorgie, est renommé pour l'immense sculpture gravée à même la roche à la mémoire des héros sudistes de la guerre de Sécession. Cette sculpture représente Jefferson Davis, Robert E. Lee et Stonewall Jackson.

Martin Luther King Jr fut le principal leader des mouvements pour les droits de la personne dans les années 1950 et 1960. Ses revendications en faveur de la justice pour les Afro-américains lui valurent une renommée mondiale. Il mourut assassiné en 1968.

Les **alligators** américains étaient autrefois communs le long des côtes du Golfe du Mexique et de l'Atlantique, jusqu'en Caroline du Sud. Mais ils ont fait l'objet d'une chasse si intensive qu'ils sont devenus très rares. Aujourd'hui, ils sont protégés dans de nombreux secteurs.

Le **coton** constituait la principale culture des États du Sud-Est au XIXe siècle. Avant la guerre de Sécession, des esclaves en assuraient la récolte. Aujourd'hui, la région produit aussi d'autres denrées exigeant un climat chaud comme la canne à sucre, le riz et le tabac.

ALABAMA
Superficie : 133 915 km²
Population : 4 273 000
Capitale : Montgomery

FLORIDE
Superficie : 151 939 km²
Population : 14 400 000
Capitale : Tallahassee

GÉORGIE
Superficie : 152 576 km²
Population : 7 353 000
Capitale : Atlanta

KENTUCKY
Superficie : 104 659 km²
Population : 3 884 000
Capitale : Frankfort

CAROLINE DU NORD
Superficie : 136 412 km²
Population : 7 323 000
Capitale : Raleigh

CAROLINE DU SUD
Superficie : 80 582 km2
Population : 3 699 000
Capitale : Columbia

TENNESSEE
Superficie : 109 152 km²
Population : 5 320 000
Capitale : Nashville

VIRGINIE
Superficie : 105 586 km²
Population : 6 675 000
Capitale : Richmond

VIRGINIE OCCIDENTALE
Superficie : 62 758 km²
Population : 1 826 000
Capitale : Charleston

Musique populaire. Des musiciens du monde entier ont subi l'influence de la musique américaine. Parmi les types de musiques populaires, citons le gospel, le jazz, le country, le blues, le rock-and-roll et le rap.

C'est du **Centre spatial John F. Kennedy**, situé à Cape Canaveral, que la NASA lance ses vols spatiaux habités. Ce centre constitue une attraction touristique majeure de la Floride, surnommée le « Sunshine State ».

États du Centre-Sud

L'Arkansas, la Louisiane et le Mississippi, qui forment la partie orientale des États du Centre-Sud, font partie du bassin de drainage du fleuve Mississippi. À l'Ouest du Texas et de l'Oklahoma s'étendent de vastes espaces ouverts. Ces deux États comptent, avec la Louisiane, parmi les cinq premiers producteurs de pétrole aux États-Unis. La région accueille également quelques grandes villes, dont Houston, San Antonio et Dallas, qui se classent parmi les dix villes les plus importantes du pays.

Les **tatous** sont des animaux fouisseurs que l'on trouve dans tous les États du Centre-Sud et du Sud-Est. Leurs plaques osseuses les protègent contre la plupart des prédateurs, mais beaucoup d'entre eux se font écraser en traversant les routes.

Le **bétail à longues cornes** habitait le Texas bien avant les troupeaux de bovins. Ils procurent aujourd'hui à cet État environ la moitié de ses revenus agricoles.

Alamo, ancienne mission catholique de San Antonio, au Texas, fut assiégé par l'armée mexicaine entre le 23 février et le 6 mars 1836. Le courage des défenseurs texans inspira la lutte pour l'indépendance du Texas.

Les **fruits de mer**, dont la crevette, le crabe, l'écrevisse et l'huître, constituent la base de nombreux mets des États du Centre-Sud. Ils entrent notamment dans la composition de nombreux plats épicés de la Louisiane, comme le gumbo.

ARKANSAS
Superficie : 137 754 km²
Population : 2 510 000
Capitale : Little Rock

LOUISIANE
Superficie : 123 677 km²
Population : 4 351 000
Capitale : Baton Rouge

MISSISSIPPI
Superficie : 123 514 km2
Population : 2 716 000
Capitale : Jackson

OKLAHOMA
Superficie : 181 185 km²
Population : 3 301 000
Capitale : Oklahoma City

TEXAS
Superficie : 691 207 km²
Population : 19 128 000
Capitale : Austin

La **Nouvelle-Orléans**, la plus grande ville de la Louisiane, regorge de vieux édifices dans son fascinant quartier français. La ville fut aussi le berceau du jazz au début du XXᵉ siècle.

Encore aujourd'hui, des **bateaux à vapeur** transportent des passagers sur le Mississippi. Ce fleuve est le cours d'eau le plus long des États-Unis après la rivière Missouri. Il draine, avec ses affluents, un vaste bassin entre les Appalaches et les Rocheuses.

ÉTATS DU MIDWEST

Les douze États du Midwest couvrent environ un cinquième des États-Unis. Le relief y est globalement plat et comprend une portion des Grandes Plaines, vers l'ouest, et des Plaines Intérieures inférieures, au sud et à l'ouest des Grands Lacs. La terre fertile produit du grain et d'autres denrées. Elle est également propice à la production de produits laitiers et à l'élevage des bovins. Parmi les principales villes industrielles, on compte Chicago, Detroit et Indianapolis.

D'immenses troupeaux de **bisons** sillonnaient autrefois le Midwest, mais la chasse a eu raison de la plupart d'entre eux. Aujourd'hui, il reste quelques milliers de ces bêtes qui vivent dans des zones protégées.

Au **Mount Rushmore National Memorial**, dans le Dakota du Sud, les visages de quatre présidents ont été sculptés dans la pierre : George Washington, Thomas Jefferson, Theodore Roosevelt et Abraham Lincoln. Chacun d'entre eux mesure environ dix-huit mètres de haut.

Le **football américain** est pratiqué dans les équipes universitaires et collégiales. La National Football League comprend l'American Football Conference et la National Football Conference.

Les **pionniers** atteignirent le Mississippi dans les années 1820. Vingt ans plus tard, des convois de chariots traversaient les Grandes Plaines et, dans les années 1890, l'ensemble de cette région aride était occupée par des colonies dispersées.

DAKOTA DU NORD
Superficie : 183 117 km²
Population : 644 000
Capitale : Bismarck

DAKOTA DU SUD
Superficie : 199 730 km²
Population : 732 000
Capitale : Pierre

NEBRASKA
Superficie : 200 349 km²
Population : 1 652 000
Capitale : Lincoln

KANSAS
Superficie : 213 096 km²
Population : 2 572 000
Capitale : Topeka

MINNESOTA
Superficie : 224 329 km²
Population : 4 658 000
Capitale : St Paul

IOWA
Superficie : 145 752 km²
Population : 2 852 000
Capitale : Des Moines

MISSOURI
Superficie : 180 514 km²
Population : 5 359 000
Capitale : Jefferson City

ILLINOIS
Superficie : 149 885 km²
Population : 11 847 000
Capitale : Springfield

WISCONSIN
Superficie : 171 496 km²
Population : 5 160 000
Capitale : Madison

MICHIGAN
Superficie : 251 493 km²
Population : 9 594 000
Capitale : Lansing

OHIO
Superficie : 115 998 km²
Population : 11 173 000
Capitale : Columbus

INDIANA
Superficie : 94 309 km²
Population : 5 841 000
Capitale : Indianapolis

Chicago est la troisième ville en importance aux États-Unis. La magnifique silhouette de la ville comprend la tour Sears, qui compte 110 étages.

Detroit, au Michigan, est la dixième ville en importance au pays. Elle porte bien son nom de capitale de l'automobile du monde, bien qu'on y produise beaucoup d'autres biens.

Une **file de moissonneuses-batteuses** traverse les vastes champs de blé du Midwest. Cette région produit du blé et du maïs, dont la majeure partie sert à nourrir le bétail.

États du Nord-Ouest

La région est des États du Nord-Ouest fait partie du plateau des Grandes Plaines. Toutefois, la région ouest est plutôt montagneuse. La chaîne des Cascades, qui traverse l'Oregon et Washington, comprend des volcans actifs, notamment le mont St Helens, dont l'éruption violente en 1980 a causé la mort de 57 personnes. L'Alaska, qui est devenu le 49e État le 3 janvier 1959, comprend aussi des volcans actifs. Cet État est riche en pétrole, alors que les activités agricoles et forestières ont plus d'importance dans les cinq autres États.

La société Boeing fabrique des **avions** commerciaux et militaires. Le siège social de cette société se trouve à Seattle, Washington. La fabrication de produits alimentaires et d'aliments transformés constituent d'autres industries majeures dans le Nord-Ouest.

Le **mont McKinley**, dans le centre-sud de l'Alaska, est le point culminant de l'Amérique du Nord. Il doit son nom à William McKinley, qui fut président des États-Unis de 1897 à 1901. Le toponyme autochtone, « Denali », signifie « le grand ».

Les **grizzlis** peuplent les forêts de l'Alaska et de l'Ouest canadien. Certains vivent également dans les régions éloignées des États du Nord-Ouest, mais beaucoup des endroits autrefois habités par ces ours sont aujourd'hui occupés par l'homme.

ALASKA
Superficie : 1 530 693 km^2
Population : 607 000
Capitale : Juneau

IDAHO
Superficie : 216 430 km^2
Population : 1 189 000
Capitale : Boise

MONTANA
Superficie : 380 849 km^2
Population : 879 000
Capitale : Helena

OREGON
Superficie : 251 418 km^2
Population : 3 204 000
Capitale : Salem

WASHINGTON
Superficie : 176 479 km^2
Population : 5 553 000
Capitale : Olympia

WYOMING
Superficie : 253 324 km^2
Population : 481 000
Capitale : Cheyenne

Les **Amérindiens** du nord-ouest pêchaient, chassaient et cueillaient les plantes de la forêt. Le bois servait à la construction des maisons et des embarcations et à la fabrication de plats et de masques comme celui-ci.

La plus grande partie du **parc national de Yellowstone** se trouve dans le nord-ouest du Wyoming. Créé en 1872, il est le plus vieux parc national au monde. On y trouve des sources thermales et des geysers, des canyons et d'immenses chutes.

Devils Tower, dans le nord-est du Wyoming, est une montagne de 264 m de hauteur formée de roche volcanique dure. Elle est devenue, en 1906, le premier monument historique des États-Unis.

ÉTATS DU SUD-OUEST

Les États du Sud-Ouest contiennent beaucoup de paysages grandioses. La Californie est l'État le plus peuplé et le plus important pour ce qui est de la fabrication et de l'exploitation agricole. Son sous-sol est également riche en ressources, dont le pétrole et le gaz naturel. Si la Californie était un pays indépendant, elle se classerait parmi les dix pays du monde les plus productifs en termes de biens et de services. Hawaii, dans l'Océan Pacifique, est devenu le 50e État le 21 août 1959.

Le **surf** est un sport extrême qui se pratique le long de la côte pacifique de la Californie et à Hawaii. Les rives nord d'Oahu et d'Hawaii attirent des surfeurs du monde entier.

Silicon Valley est une région de la Californie, située entre San José et Palo Alto, où se concentrent les usines informatiques. Le silicone entre dans la fabrication des microprocesseurs.

Les **déserts** couvrent de grandes surperficies du Sud-Ouest. Certaines plantes du désert comme les cactus ont de longues racines superficielles pouvant recueillir la moindre trace d'humidité. Leurs tiges épaisses emmagasinent l'eau.

Le **Kilauea** est un volcan actif situé sur le flanc est de Mauna Loa, à Hawaii. La lave fluide qui s'en échappe s'écoule jusqu'à la mer. Toutes les îles de l'archipel d'Hawaii sont d'origine volcanique. Cependant, seuls les volcans de l'île d'Hawaii sont actifs; ceux des autres îles sont éteints.

Le **Grand Canyon**, cet immense canyon creusé par le fleuve Colorado, atteint jusqu'à 1,6 km de profondeur à certains endroits. Comme beaucoup de panoramas spectaculaires aux États-Unis, il fait donc partie d'un parc national protégé.

ARIZONA
Superficie : 295 259 km^2
Population : 4 428 000
Capitale : Phoenix

CALIFORNIE
Superficie : 411 047 km^2
Population : 31 878 000
Capitale : Sacramento

COLORADO
Superficie : 269 594 km^2
Population : 3 823 000
Capitale : Denver

HAWAII
Superficie : 16 760 km^2
Population : 1 184 000
Capitale : Honolulu

NEVADA
Superficie : 286 352 km^2
Population : 1 603 000
Capitale : Carson City

NOUVEAU-MEXIQUE
Superficie : 314 924 km^2
Population : 1 713 000
Capitale : Santa Fe

UTAH
Superficie : 219 887 km^2
Population : 2 000 000
Capitale : Salt Lake City

Le parc national de **Mesa Verde**, qui signifie « table verte », est situé dans le sud-ouest du Colorado. On peut y observer d'impressionnantes habitations troglodytes construites dans des falaises, il y a des centaines d'années, par les Amérindiens.

MEXIQUE

Le Mexique, troisième pays nord-américain en importance, forme un pont entre les États-Unis et les sept pays d'Amérique centrale. Son relief est essentiellement montagneux. Le nord du pays est désertique, tandis que des forêts tropicales humides poussent au sud. Les températures varient selon l'altitude. L'agriculture est importante, mais les principales exportations du pays sont le pétrole et les produits pétrolifères. Les usines du nord assemblent des pièces, dont des pièces automobiles, pour des sociétés américaines.

La **tarentule** est le nom vernaculai donné à une grosse araignée mangeuse d'oiseaux de la famille d Theraphosidae. On la retrouve du sud-ouest des États-Unis jusqu'en Amérique du Sud. Ces araignées sc impressionnantes, mais leur morsur n'est en général pas dangeureuse.

MEXIQUE

Superficie : 1 972 547 km^2
Point culminant : Citlaltépetl (appelé également Orizaba), 5 700 m
Population : 93 182 000
Capitale : Mexico (pop. 15 643 000)
Villes principales: Guadalajara (2 847 000 hab.), Monterrey (2 522 000 hab.), Puebla (1 055 000 hab.)
Langue officielle : Espagnol
Religion : Catholique 90 %, protestante 5 %, autres 5 %
Gouvernement : République fédérale
Monnaie : Peso mexicain

Le **papillon monarque** aux vives couleurs est le champion des insectes pour la distance migratoire qu'il parcourt chaque année. En automne, il part du Québec et de la Nouvelle-Angleterre pour se rendre jusqu'au sud des États-Unis et au Mexique. Au printemps, il reprend la route vers le nord.

Acapulco est la plus courue des stations balnéaires de la côte pacifique du Mexique, où le tourisme constitue une activité économique importante. Certaines personnes sont attirées par les grandes plages du bord de la mer, tandis que d'autres veulent visiter les grands sites historiques autochtones.

Les objets d'or et d'argent fabriqués par les Aztèques témoignent de leurs talents artistiques. La légende veut que la capitale aztèque, Tenochtitlán, ait été fondée en 1325. Les Aztèques furent défaits par l'armée espagnole en 1521.

Le **pétrole** est exploité le long des côtes sud-est du Golfe du Mexique et au large de ces côtes. Le Mexique en exporte depuis les années 1970. Le pays produit également de l'argent et d'autres métaux.

Les **pyramides mayas**, dans le sud du Mexique, rappellent les grandes civilisations amérindiennes qui furent florissantes entre 250 et 900 ans apr. J.-C. L'empire maya s'étendait du Mexique jusqu'au Guatemala et de Belize jusqu'au Salvador et au Honduras.

La ville de **Mexico** s'est mise à croître de façon vertigineuse vers la fin du XXe siècle et constitue aujourd'hui l'une des plus grandes agglomérations de la planète. Elle est située sur un haut-plateau, à l'emplacement de la capitale aztèque Tenochtitlán.

CENTRE-OUEST DE L'AMÉRIQUE

Le Centre-Ouest de l'Amérique est constitué de quatre pays : le Belize, le Salvador, le Guatemala et le Honduras. Des côtes tropicales humides bordent cette région au nord et au sud. Au centre, le haut pays comprend de nombreux volcans actifs. Peuplé d'Amérindiens puis de personnes de souche africaine et européenne, le Centre-Ouest a une population largement métissée. L'agriculture y est la principale activité. La plupart des habitants vivent dans les hautes terres, plus tempérées.

Des **récifs coraliens** longent la côte marécageuse du Belize. Ils forment la barrière coralienne la plus longue après la Grande Barrière australienne et constituent une aire de reproduction importante pour les poissons.

BELIZE

Superficie : 22 965 km²
Population : 222 000
Capitale : Belmopan (5 000 hab.)
Ville principale: Belize (48 000 hab.)
Gouvernement : Monarchie constitutionnelle
Langue officielle : Anglais
Monnaie : Dollar belizien

SALVADOR

Superficie : 21 041 km²
Population : 5 810 000
Capitale et ville principale : San Salvador (1 522 000 hab.)
Gouvernement : République
Langue officielle : Espagnol
Monnaie : Colon

GUATEMALA

Superficie : 108 889 km²
Population : 10 928 000
Capitale et ville principale : Guatemala (2 000 000 hab.)
Gouvernement : République
Langue officielle : Espagnol
Monnaie : Quetzal

HONDURAS

Superficie : 112 088 km²
Population : 6 101 000
Capitale et ville principale : Tegucigalpa (679 000 hab.)
Gouvernement : République
Langue officielle : Espagnol
Monnaie : Lempira

Le **café** est cultivé dans les hautes terres de l'Amérique centrale et les grains de la plante sont généralement récoltés à la main. Le café constitue le produit d'exportation majeur du Salvador, du Guatemala et du Honduras.

À **Tikal**, dans le nord du Guatemala, d'immenses pyramides en ruine rappellent l'existence de ce qui fut la plus importante des villes mayas. Le temple principal surplombe une pyramide de 45 mètres de haut.

Les **bananes** poussent bien dans les climats tropicaux humides et constituent la culture la plus importante dans les basses terres de l'Amérique centrale, avant celle de la canne à sucre.

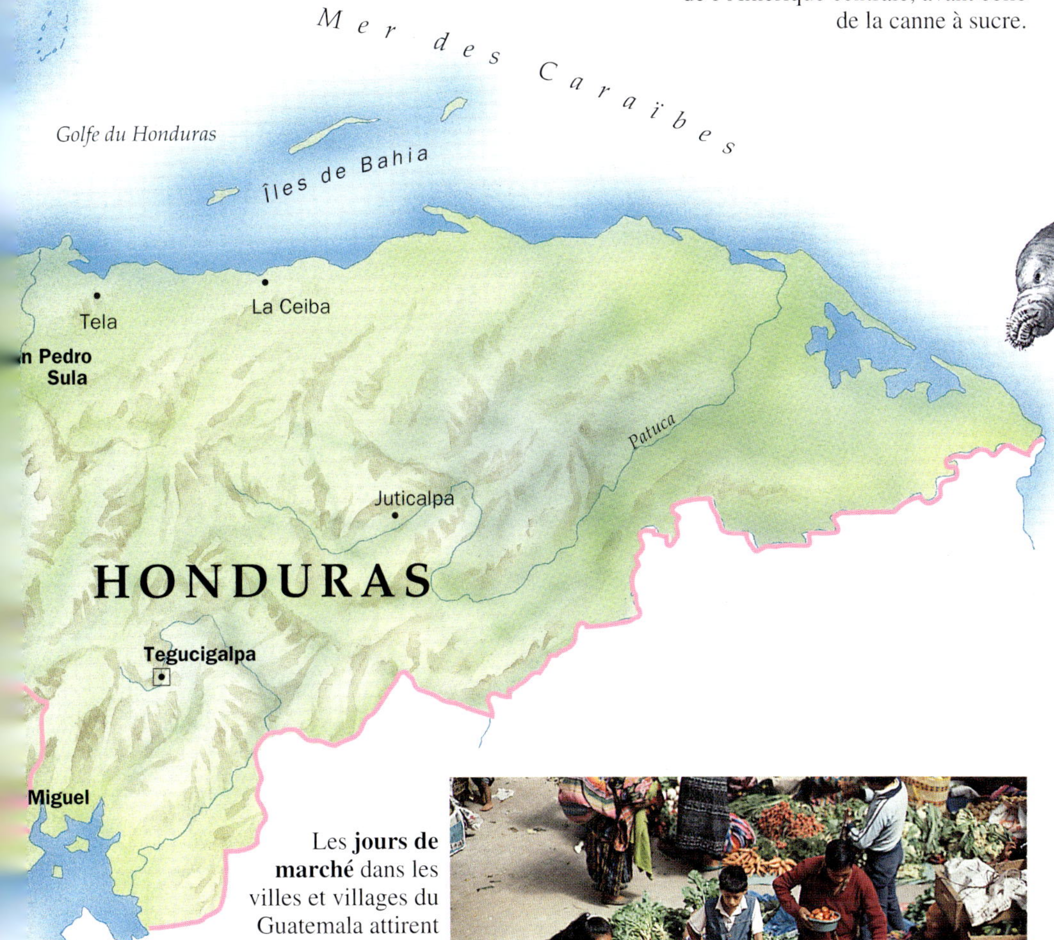

On trouve les **lamantins** le long des côtes caraïbes de l'Amérique centrale et du nord de l'Amérique du Sud. Ces mammifères, qui vivent dans les eaux abritées de la côte, ont souffert de la pollution et de la présence des bateaux à moteur.

Les **jours de marché** dans les villes et villages du Guatemala attirent une foule nombreuse d'acheteurs et de fermiers venus vendre leurs produits. Environ 45 pour 100 des habitants du Guatemala sont des descendants des premières populations autochtones.

Amérique du Centre-Est

À l'instar de l'Amérique du Centre-Ouest, le Costa Rica, le Nicaragua et le Panama profitent d'un climat tropical, sauf en altitude où le climat est plus tempéré. Le Nicaragua est le plus grand État d'Amérique centrale. Tout comme le Costa Rica, le Nicaragua est situé dans une région instable, fréquemment secouée par des séismes et des éruptions volcaniques. Le Costa Rica a plusieurs beaux parcs nationaux, qui attirent de nombreux touristes. Le Panama forme un isthme, une étroite bande de terre qui relie l'Amérique du Nord à l'Amérique du Sud.

COSTA RICA

Superficie : 50 700 km²
Population : 3 442 000
Capitale : San José (1 186 000 hab.)
Gouvernement : République
Langue officielle : Espagnol
Religion : Chrétienne (catholique : 80 %)
Monnaie : Colon

NICARAGUA

Superficie : 130 000 km²
Population : 6 101 000
Capitale : Managua (974 000 hab.)
Gouvernement : République
Langue officielle : Espagnol
Religion : Chrétienne (catholique : 77 %)
Monnaie : Cordoba

PANAMA

Superficie : 77 082 km²
Population : 2 674 000
Capitale : Panama (452 000 hab.)
Gouvernement : République
Langue officielle : Espagnol
Religion : Chrétienne (catholique : 80 %)
Monnaie : Balboa

La **route panaméricaine** traverse les Amériques, depuis la frontière américaine jusqu'au sud du Chili. Elle n'est interrompue qu'au Panama par une dense forêt tropicale humide.

Activité volcanique. Les éruptions volcaniques sont fréquentes dans les montagnes du Nicaragua et du Costa Rica. Avec le temps, la roche volcanique a donné un sol riche et fertile.

Le **toucanet émeraude** vit dans les forêts du sud du Mexique jusqu'au Pérou. Cet oiseau bruyant est difficile à observer en raison de son plumage vert. L'Amérique centrale est riche en oiseaux provenant autant du sud que du nord du continent.

Les **forêts tropicales humides** couvraient autrefois toute cette région. Mais de grands pans de forêts ont été défrichés pour l'exploitation agricole, la construction de villes ou d'usines, etc. Cette destruction a provoqué une disparition massive de plantes et d'animaux tropicaux.

Le **canal de Panama** est une voie d'eau reliant l'océan Atlantique au Pacifique et évite aux bateaux d'avoir à contourner l'Amérique du Sud. Ce canal, terminé en 1914, mesure près de 82 km de long.

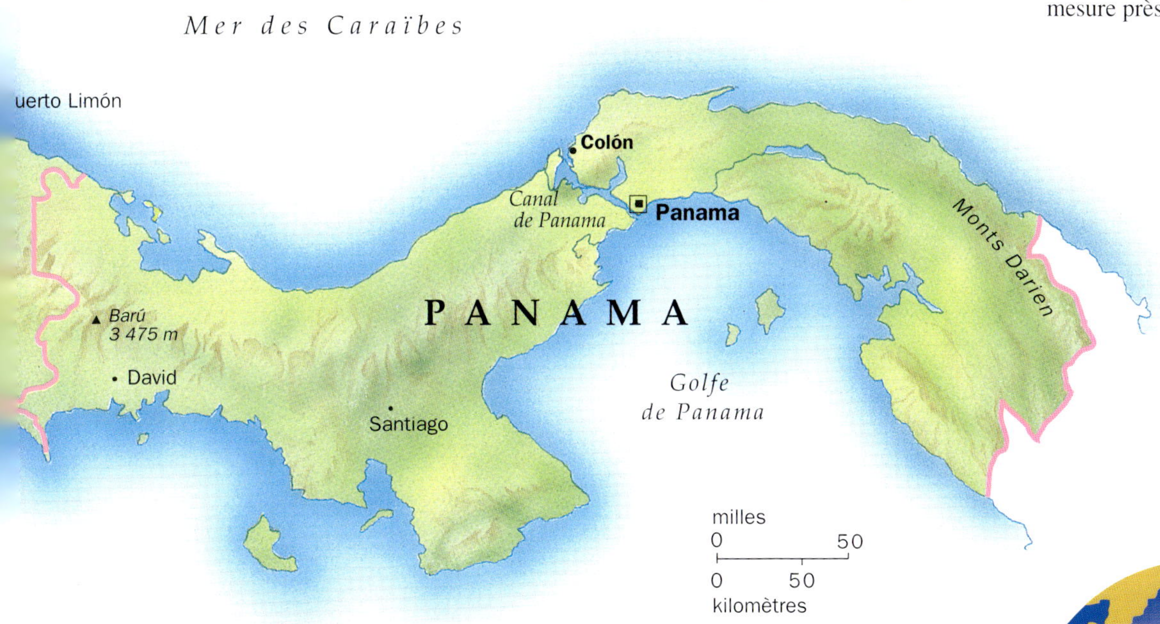

Le **café** est une culture très importante dans les hautes terres tropicales plus tempérées de l'Amérique centrale. L'agriculture, l'élevage et l'exploitation forestière constituent les activités économiques principales de l'est de l'Amérique centrale.

NORD DES CARAÏBES

Les plus grandes îles des Caraïbes sont Cuba, la République Dominicaine et Haïti, suivies des Bahamas et de la Jamaïque. Puerto Rico a le statut d'État libre associé aux États-Unis, alors que les îles Cayman, de même que les îles Turks et Caïques, sont des territoires d'outre-mer britanniques. La population est principalement composée de descendants d'Européens et d'Africains arrivés autrefois dans les Caraïbes en tant qu'esclaves. Les principales cultures sont celles de la canne à sucre et du café. Les industries de fabrication, les mines et le tourisme occupent également une place importante.

Fidel Castro a mené ses troupes révolutionnaires à la victoire en 1959 à Cuba. Les Américains désapprouvaient sa politique communiste et ses liens étroits avec l'ancienne URSS.

BAHAMAS

Superficie : 13 935 km²
Population : 284 000
Capitale : Nassau (172 000 hab.)
Monnaie : Dollar bahaméen

CUBA

Superficie : 110 861 km²
Population : 11 019 000
Capitale : La Havane (2 096 000 hab.)
Monnaie : Pesos cubain

RÉPUBLIQUE DOMINICAINE

Superficie : 48 734 km²
Population : 7 964 000
Capitale : Saint-Domingue (1 601 000 hab.)
Monnaie : Pesos dominicain

HAÏTI

Superficie : 27 750 km²
Population : 7 336 000
Capitale : Port-au Prince (1 144 000 hab.)
Monnaie : Gourde

JAMAÏQUE

Superficie : 10 991 km²
Population : 2 547 000
Capitale : Kingston (588 000 hab.)
Monnaie : Dollar jamaïcain

TERRITOIRES D'OUTRE-MER

ÎLES CAYMAN (R.-U.)
Superficie : 259 km²
Population : 32 000
Capitale : George Town

PUERTO RICO (É.-U.)
Superficie : 8 897 km²
Population : 3 783 000
Capitale : San Juan

ÎLES TURKS ET CAÏQUES (R.-U.)
Superficie : 430 km²
Population : 15 000
Capitale : Cockburn

Le **cricket** est un sport très populaire en Jamaïque. Il fit son apparition à l'occasion de la colonisation de l'île par les Britanniques, qui y régnèrent pendant près de 300 ans. L'île a proclamé son indépendance en 1962. La langue officielle de la Jamaïque est l'anglais.

La **canne à sucre** est cultivée dans de nombreuses îles des Caraïbes et constitue la principale denrée d'exportation de Cuba. Les îles produisent également des minéraux, dont le nickel (Cuba), le fer et le nickel (République Dominicaine) et la bauxite (Jamaïque).

Le **secteur bancaire et financier** est important aux Bahamas. Beaucoup de sociétés et de banques étrangères y ont des succursales. Ces îles ne perçoivent aucun impôt direct, c'est pourquoi le secteur bancaire y est florissant.

Le **tourisme** est une activité majeure dans les Caraïbes. La nage et la plongée en apnée dans les eaux lumineuses entourant les îles sont très populaires aux Bahamas, qui reçoivent plus de 1,5 million de visiteurs chaque année.

San Juan est la capitale et la plus grande ville de Puerto Rico, un État libre associé aux États-Unis. Les habitants y travaillent principalement dans les secteurs de la fabrication et du commerce ainsi que dans la fonction publique.

La religion catholique a été introduite à Cuba et en République Dominicaine par les Espagnols, et en Haïti par les Français. Mais le protestantisme est important en Jamaïque et aux Bahamas, qui ont subi l'influence de la Grande-Bretagne.

EST DES CARAÏBES

L'est des Caraïbes consiste essentiellement en de petites îles. Certaines sont volcaniques, tandis que d'autres sont faites de corail et de calcaire. La région comprend huit pays indépendants et huit territoires associés à la France, aux Pays-Bas, aux États-Unis et à la Grande-Bretagne. Les activités principales sont le tourisme et l'agriculture, bien que la République de Trinité-et-Tobago produise du pétrole et du gaz naturel. Des peuples autochtones vivaient autrefois dans ces îles, mais ce sont les habitants de descendance africaine qui prédominent aujourd'hui.

Plusieurs espèces de **dauphins** vivent dans les eaux de la mer des Caraïbes. Les touristes apprécient les croisières au cours desquelles ils peuvent les observer. La pêche est également une activité importante, mais presque toutes les prises sont vendues localement.

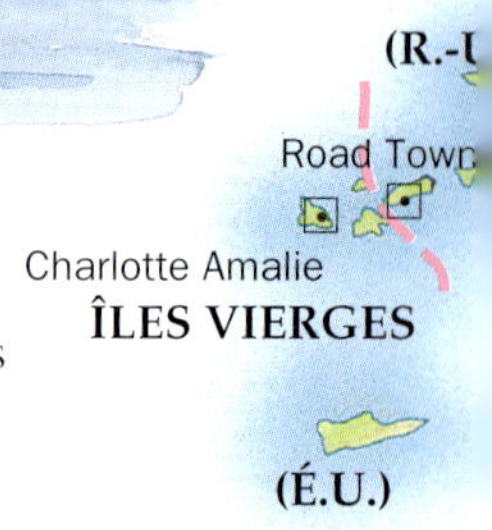

Le **tourisme** est l'une des principales activités économiques de l'Est des Caraïbes. Les visiteurs sont attirés par les paysages magnifiques des îles et leurs plages nombreuses sur lesquels il est bon de se faire bronzer. La visite des îles en bateau est également très appréciée.

Des **épices** comme la cannelle et la muscade sont cultivées dans certaines des îles de l'Est des Caraïbes. Mais les principaux produits des îles sont la banane, la noix de coco, le coton et la canne à sucre.

Des **éruptions** massives du volcan Soufrière Hills, à Montserrat, ont forcé beaucoup d'habitants à abandonner leur maison ou à quitter l'île à la fin des années 1990. Plymouth, la capitale, était couverte de cendres volcaniques.

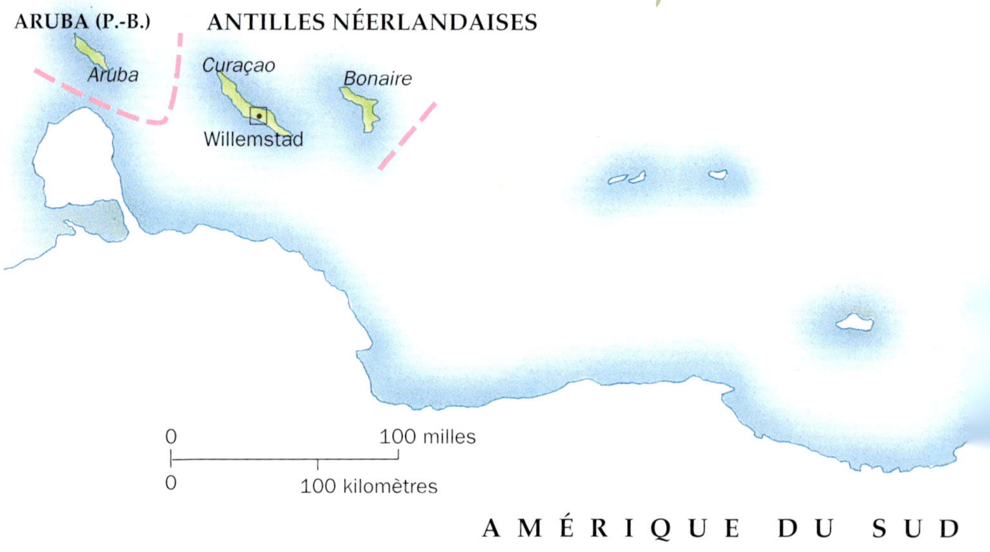

La **voile** et la **pêche** sont des activités très prisées des touristes qui visitent les magnifiques eaux de l'est des Caraïbes. La population locale pratique plusieurs sports, dont le basketball, le cricket et le soccer (football européen).

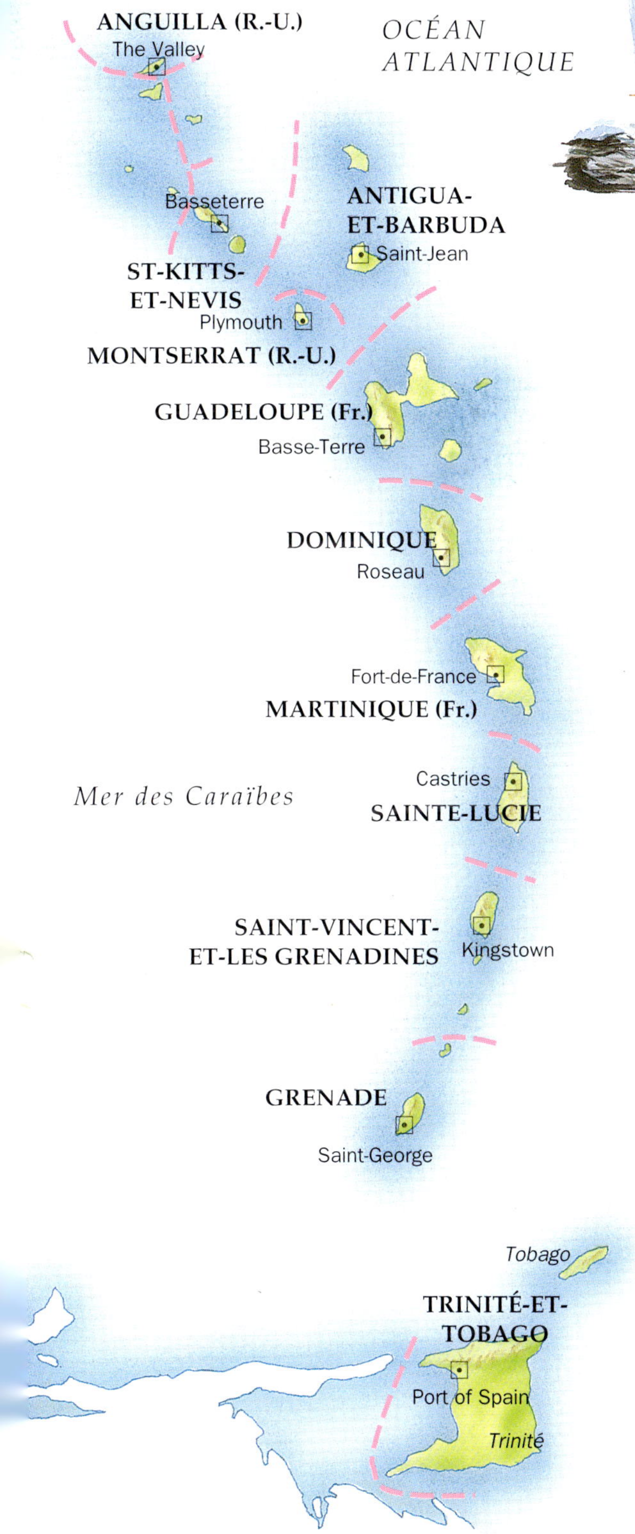

TERRITOIRES D'OUTRE-MER

ANGUILLA (R.-U.)
Superficie : 96 km²
Population : 8 000
Capitale : The Valley

ARUBA (PAYS-BAS)
Superficie : 75 km²
Population : 77 000
Capitale : Oranjestad

GUADELOUPE (FRANCE)
Superficie : 1 705 km²
Population : 422 000
Capitale : Basse-Terre

MARTINIQUE (FRANCE)
Superficie : 1 102 km²
Population : 384 000
Capitale : Fort-de-France

MONTSERRAT (R.-U.)
Superficie : 102 km²
Population : 11 000
Capitale : Plymouth

ANTILLES NÉERLANDAISES
Superficie : 800 km²
Population : 202 000
Capitale : Willemstad

ÎLES VIERGES (É.-U.)
Superficie : 340 km²
Population : 98 000
Capitale : Charlotte Amalie

ÎLES VIERGES (R.-U.)
Superficie : 153 km²
Population : 20 000
Capitale : Road Town

ANTIGUA-ET-BARBUDA

Superficie : 440 km²
Population : 66 000
Capitale : Saint-Jean (38 000 hab.)
Monnaie : Dollar des Caraïbes orientales

BARBADE

Superficie : 431 km²
Population : 264 000
Capitale : Bridgetown (8 000 hab.)
Monnaie : Dollar barbadien

DOMINIQUE

Superficie : 751 km²
Population : 74 000
Capitale : Roseau (21 000 hab.)
Monnaie : Dollar des Caraïbes orientales

GRENADE

Superficie : 344 km²
Population : 99 000
Capitale : Saint-George (7 000 hab.)
Monnaie : Dollar des Caraïbes orientales

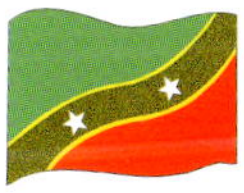

ST-KITTS-ET-NEVIS

Superficie : 261 km²
Population : 41 000
Capitale : Basseterre (15 000 hab.)
Monnaie : Dollar des Caraïbes orientales

SAINTE-LUCIE

Superficie : 616 km²
Population : 158 000
Capitale : Castries (54 000 hab.)
Monnaie : Dollar des Caraïbes orientales

SAINT-VINCENT-ET-LES-GRENADINES

Superficie : 388 km²
Population : 112 000
Capitale : Kingstown (27 000 hab.)
Monnaie : Dollar des Caraïbes orientales

TRINITÉ-ET-TOBAGO

Superficie : 5 130 km²
Population : 1 297 000
Capitale : Port of Spain (46 000 hab.)
Monnaie : Dollar de Trinité-et-Tobago

PEUPLES ET CROYANCES

L'Amérique du Nord comprend 8 pour 100 de la population mondiale. De vastes régions, dont une grande partie du Canada et de l'Alaska et les déserts du sud-ouest des États-Unis et du nord du Mexique sont pratiquement inhabitées. Les régions densément peuplées et les villes tentaculaires se retrouvent surtout dans l'est des États-Unis, en Californie, sur le plateau mexicain, en Amérique centrale et dans les Caraïbes.

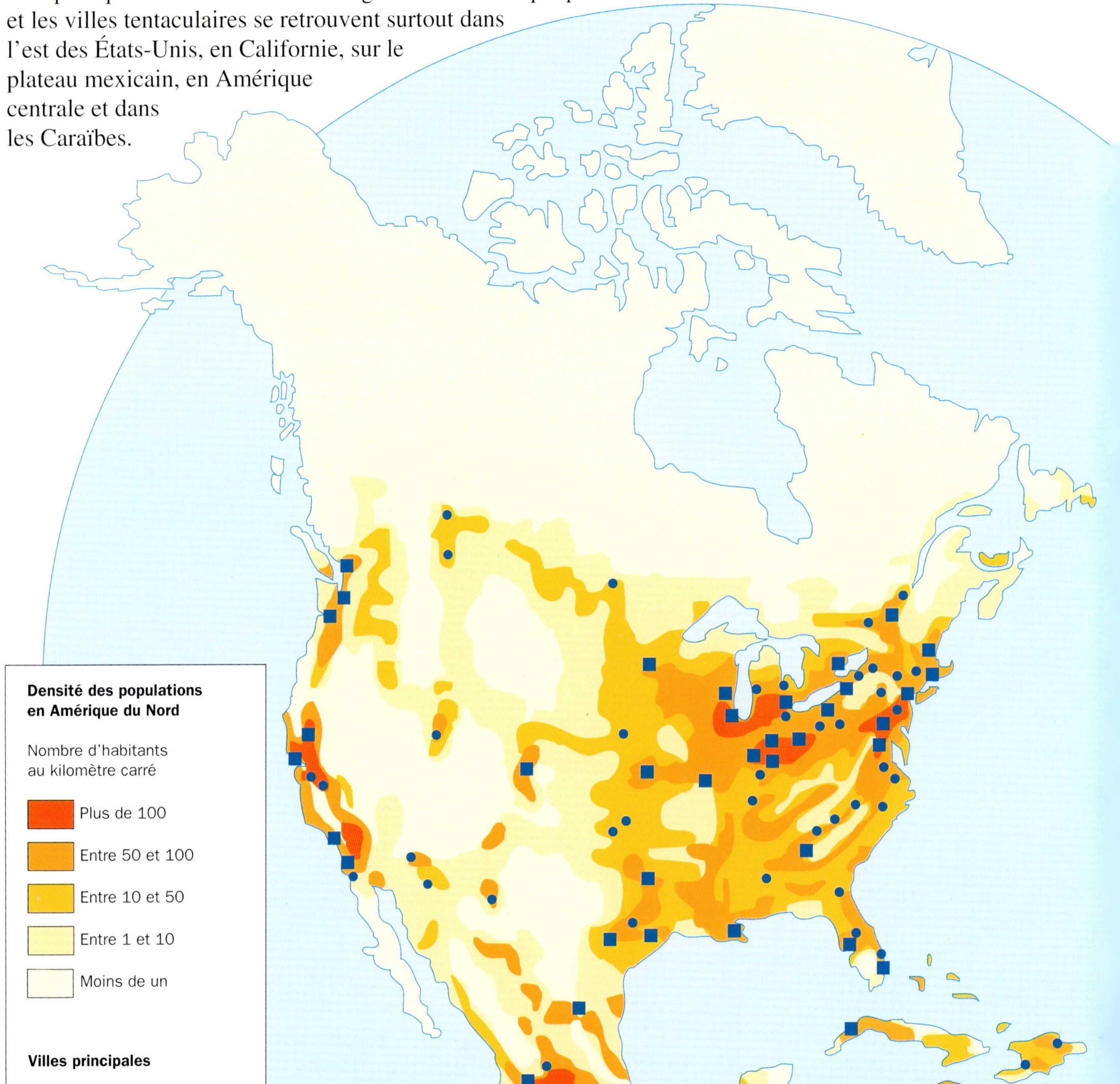

Population et superficie

Bien que le Canada soit le deuxième pays du monde en termes de superficie, sa population de plus de 30 millions ne constitue que le 1/9e de celle des États-Unis et le tiers de celle du Mexique. Il y a environ 200 ans, plus de 90 pour 100 des Nord-Américains vivaient en milieu agricole et cultivaient la terre. Aujourd'hui, 65 pour 100 d'entre eux vivent dans des villes, parmi lesquelles Mexico, la plus grande ville du monde, New York, Los Angeles et Chicago.

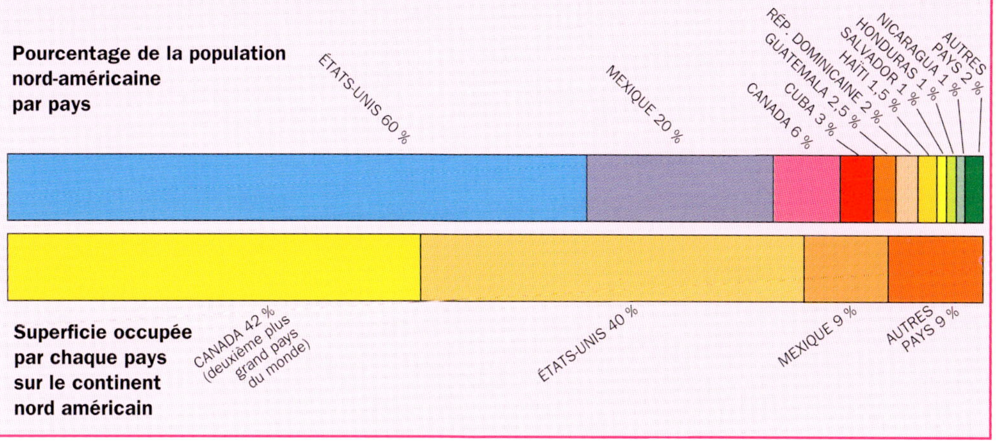

Religions principales

Les premiers arrivants français introduisirent la religion catholique au Canada et, aujourd'hui, les catholiques constituent 46 pour 100 de la population. Les protestants comptent pour 58 pour 100 de la population des États-Unis et les catholiques, 21 pour 100. Le catholicisme domine les pays latino-américains au sud, bien que des traces d'anciennes religions autochtones perdurent dans certains rituels sacrés. Le vaudou, pratiqué en Haïti, combine des éléments des religions africaines et du christianisme.

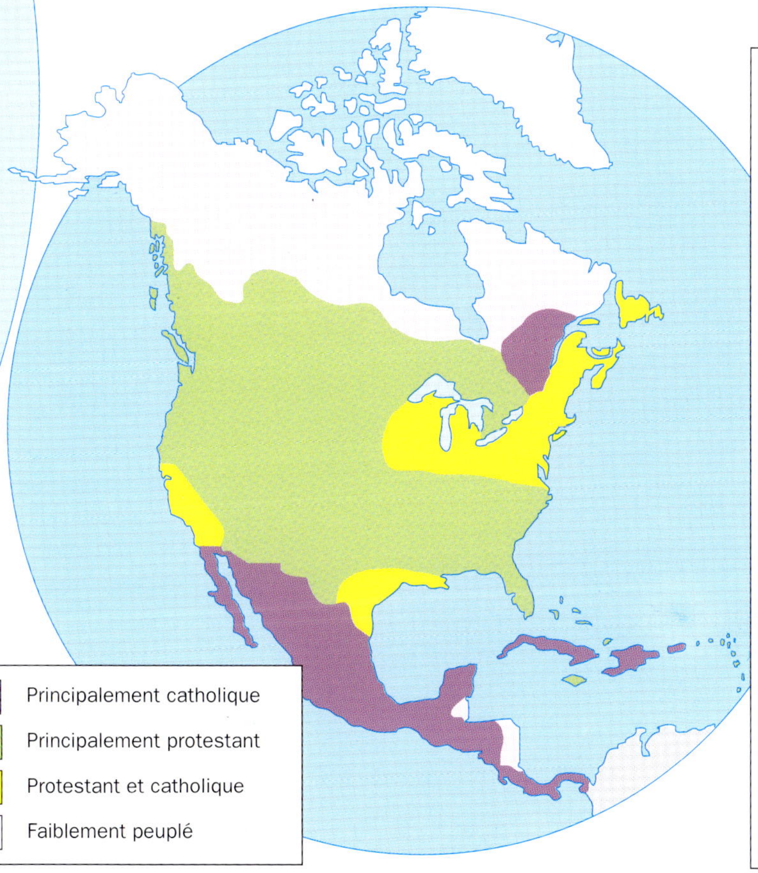

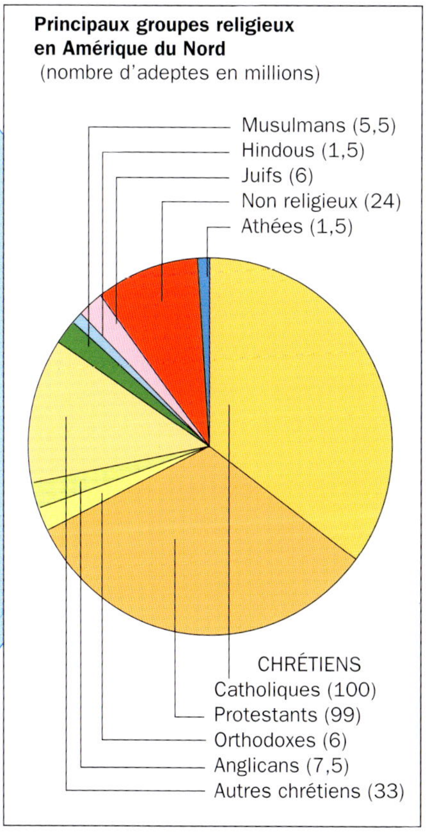

CLIMAT ET VÉGÉTATION

L'Amérique du Nord comprend diverses régions climatiques et de végétation. Le nord est froid, mais les États-Unis disposent de vastes secteurs de forêts et de prairies tempérées. Les déserts couvrent une partie du sud-ouest des États-Unis, alors que le sud du Mexique, les Caraïbes et l'Amérique centrale ont un climat tropical.

De larges portions de l'ouest de l'Amérique du Nord ont un climat de montagne, plus ou moins rigoureux selon l'altitude. En basse altitude, le climat peut être tempéré, mais il est polaire sur les sommets les plus élevés.

Températures hivernales

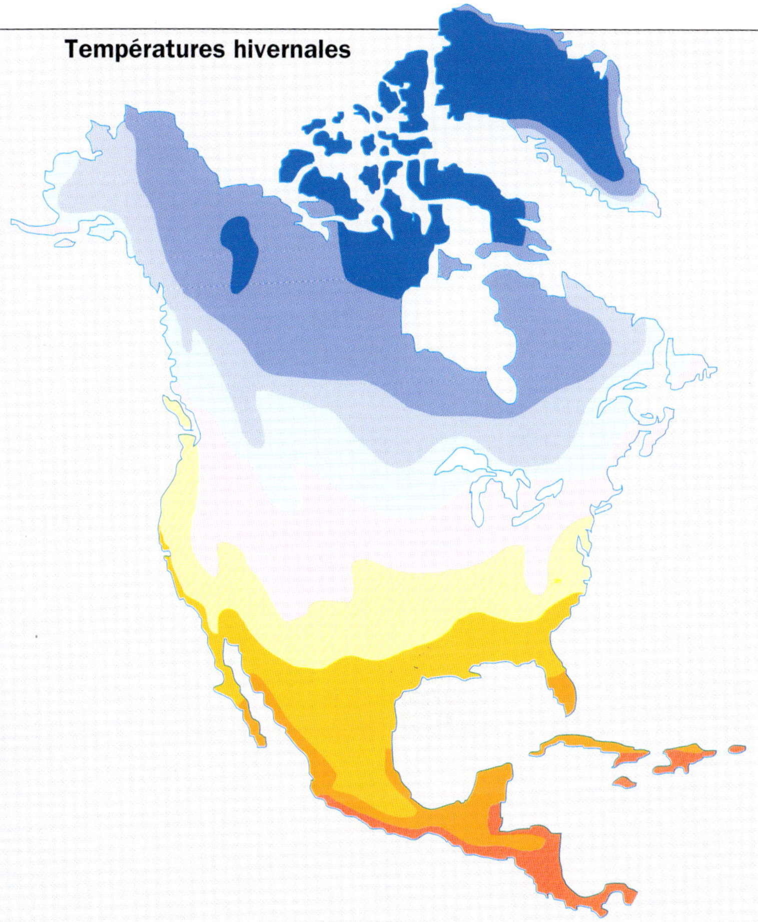

Températures estivales

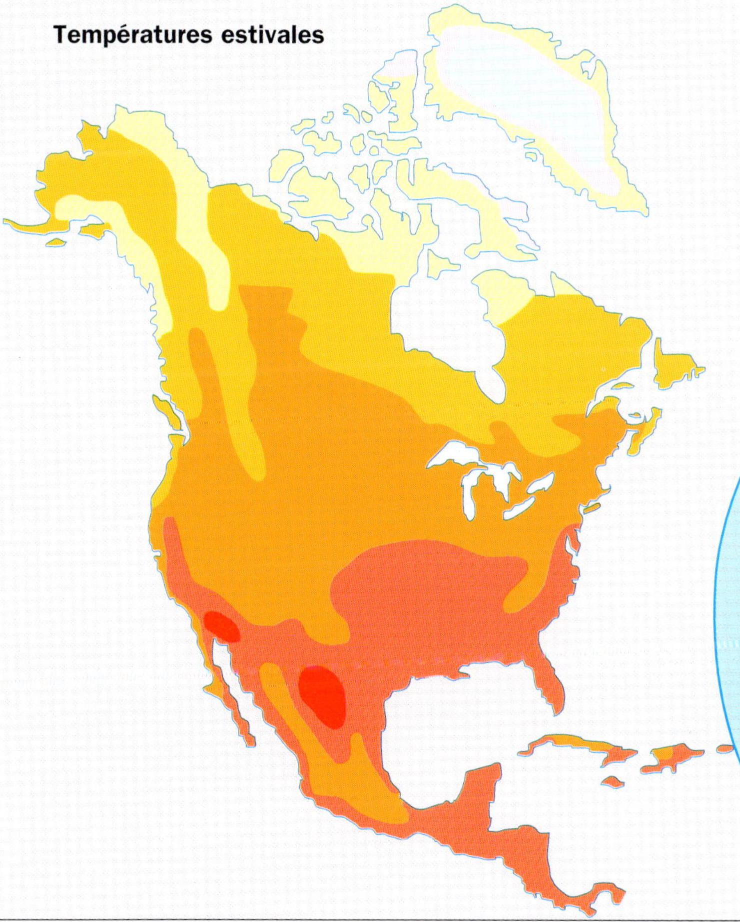

Échelle de température en °C

- Moins de –32
- De –32 à –24
- De –24 à –16
- De –16 à –8
- De –8 à 0
- De 0 à 8
- De 8 à 16
- De 16 à 24
- De 24 à 32
- Plus de 32

Type de climats

Le climat dépend de deux facteurs principaux : les précipitations (la pluie, la neige et toutes les autres formes d'humidité en provenance de l'air) et la température. L'Alaska, le nord du Canada et le Groenland connaissent des hivers longs et froids et comprennent des zones glacées ou des plaines sans arbres appelées toundras. Au sud de la toundra commencent les forêts de conifères, puis les forêts mixtes de feuillus et d'arbres à feuilles persistantes.

Les températures sont plus élevées au sud. Autrefois, la forêt tropicale humide couvrait la presque totalité de l'Amérique centrale, mais elle a été coupée sur de vastes superficies pour les besoins de l'agriculture.

Dans le nord, les étés sont frais, tandis que les températures estivales sont élevées dans le sud. Les déserts du sud-ouest des États-Unis sont particulièrement chauds. La température la plus élevée enregistrée aux États-Unis était de 57 °C, à Death Valley, en Californie. Les basses terres de l'Amérique centrale ont un climat chaud et humide, mais il fait plus froid dans les hautes terres.

Les précipitations sont plus importantes le long des côtes, surtout dans le nord-ouest et à Hawaii. À l'intérieur des terres, de vastes régions sont très peu arrosées. Les terres semi-arides comportant peu d'arbres sont appelées prairies ou steppes.

Précipitations annuelles en mm

- Plus de 3 000
- De 2 000 à 3 000
- De 1 000 à 2 000
- De 500 à 1 000
- De 250 à 500
- De 0 à 250

Écologie et Environnement

La surface de la Terre se modifie constamment sous la pression des forces qui s'y exercent telles que les éruptions volcaniques, les fortes tempêtes et l'érosion incessante. L'homme aussi contribue à ces changements. L'activité humaine est une source de pollution, et l'agriculture intensive, qui rend le sol vulnérable au vent et à la pluie, transforme d'anciennes prairies en déserts.

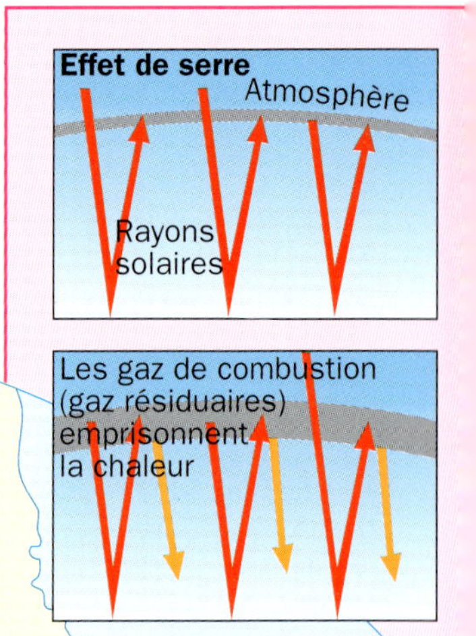

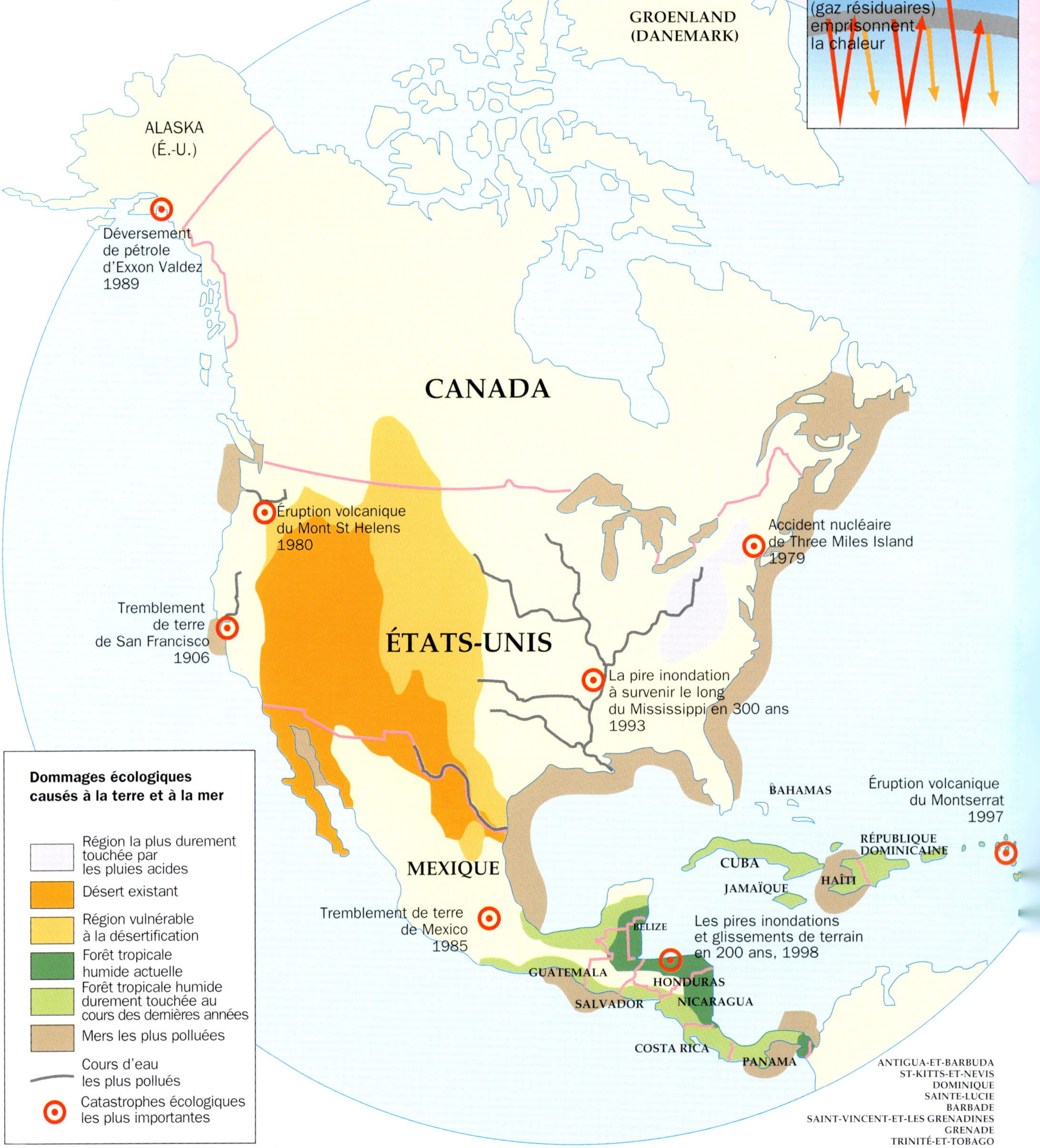

Détérioration de l'environnement

La pollution de l'air pose un problème en Amérique du Nord où les usines, les automobiles et les maisons rejettent des gaz de combustion dans l'atmosphère. Certains gaz se dissolvent dans la vapeur d'eau, causant des pluies acides qui tuent les arbres.

La destruction des forêts et des prairies met à nu le sol. Les vents forts et la pluie lessivent le sol superficiel, rendant la terre stérile. La destruction des forêts tropicales humides menace également d'extinction beaucoup d'êtres vivants.

La pollution de l'eau est causée par les produits chimiques et les déchets issus des activités agricoles et industrielles, et par les déversements de pétrole et d'eaux usées non traitées. Elle provient également d'accidents qui surviennent dans les centrales nucléaires.

Aujourd'hui, les gens travaillent à lutter contre la pollution et ses effets désastreux.

Catastrophes naturelles

Les tremblements de terre sont fréquents dans l'ouest de l'Amérique du Nord et aux Caraïbes, qui sont situées sur des parties instables de la croûte terrestre. Des éruptions volcaniques se produisent en Alaska et dans l'État de Washington, au Mexique, en Amérique centrale et dans les Caraïbes. Les ouragans causent de terribles dommages dans les Caraïbes et le sud-est des États-Unis, tandis que de violentes tornades ravagent en les traversant les plaines centrales des États-Unis. Des inondations dévastatrices surviennent aussi quand les rivières débordent.

Catastrophes naturelles

Zones de tremblements de terre

Volcans actifs

Couloirs d'ouragans (de juin à octobre)

Secteurs sujets aux tornades

Espèces menacées d'extinction

L'Amérique du Nord consistait autrefois en de vastes espaces presque inhabités, sauvages, où prospérait une faune abondante et variée. Mais depuis les 400 dernières années, la chasse et la destruction de la végétation naturelle ont fait régresser grandement le nombre d'animaux. Certaines espèces sont même proches de l'extinction.

Heureusement, beaucoup d'espèces menacées sont désormais protégées et certaines ont commencé à se rétablir. C'est le cas de l'aigle ou pygargue à tête blanche, symbole des États-Unis. La population de cet oiseau ayant augmenté suffisamment, l'espèce a été retirée de la liste des espèces menacées.

Condor de Californie

Quelques espèces menacées en Amérique du Nord

Oiseaux
Condor de Californie
Courlis esquimau
Pic à bec ivoire
Poule des prairies

Mammifères
Bison d'Amérique
Ours noir
Tapir d'Amérique centrale
Jaguarondi
Lapin des volcans

Mammifères marins
Baleine grise de Californie
Lamantin

Arbres
Acajou des Caraïbes
Séquoia géant

Économie

L'Amérique du Nord est riche en ressources naturelles, dont le charbon, le pétrole, le gaz et la plupart des métaux utilisés dans l'industrie. Elle comprend également des forêts et de larges secteurs de terres agricoles fertiles. Les pays les plus développés sont les États-Unis et le Canada, qui produisent à eux deux environ un tiers des biens industriels de la planète.

Produit national brut

Pour pouvoir comparer l'économie des différents pays, les experts calculent le produit national brut (PNB) de chaque pays en dollars américains. Le PNB est la valeur totale de tous les biens et services produits dans un pays chaque année. Le graphique circulaire de droite montre que le PNB des États-Unis est plus de sept fois supérieur à celui de tous les autres pays du continent nord-américain. Aucun autre pays du monde n'a un plus grand PNB que les États-Unis.

PNB des pays de l'Amérique du Nord
(en milliards de dollars)

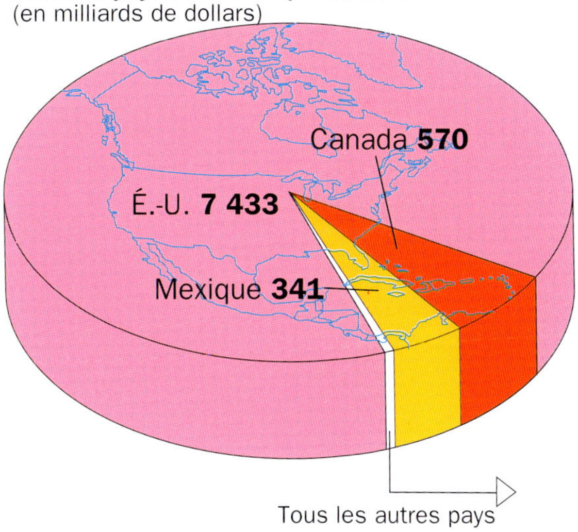

Sources d'énergie

L'Amérique du Nord produit environ un cinquième du pétrole mondial. Les principaux producteurs sont les États-Unis, le Mexique, le Canada et Trinité-et-Tobago. L'Amérique du Nord produit aussi environ un tiers du gaz naturel du monde. L'hydroélectricité (énergie obtenue par l'eau) est importante, surtout au Canada, mais le charbon et l'uranium sont également des sources d'énergie appréciables.

Aux États-Unis, le pétrole fournit environ 39 pour 100 de l'énergie totale, le gaz naturel, environ 24 pour 100, et le charbon, 22 pour 100. Les autres sources d'énergie, dont l'hydroélectricité et l'énergie nucléaire, comptent pour environ 15 pour 100.

PNB per capita

Per capita signifie par personne, par habitant. Le PNB per capita s'obtient en divisant le PNB par le nombre d'habitants. Par exemple, le PBN per capita des États-Unis est de 28 020 $. Celui du Canada est de 19 020 $. Les pays pauvres ont des PNB per capita peu élevés. Par exemple, Haïti a un PNB per capita de seulement 310 $.

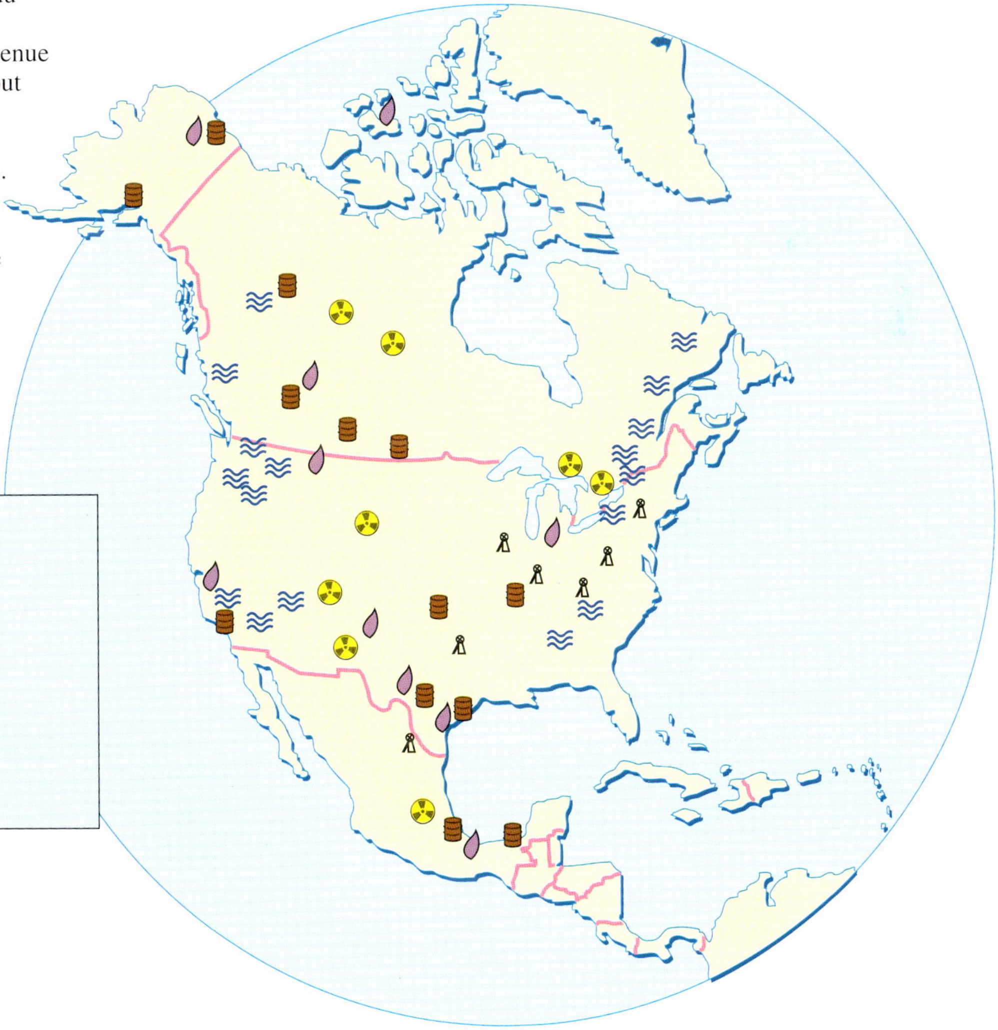

Politique et Histoire

L'Amérique du Nord comprend 23 pays indépendants. Les États-Unis et le Mexique sont des républiques fédérales. Le Canada, le Belize et huit nations des Caraïbes sont des monarchies constitutionnelles. Ils ont leur propre gouvernement, mais reconnaissent le souverain britannique comme leur chef d'État. Dix pays sont des républiques démocratiques, tandis que Cuba est une république communiste. L'Amérique du Nord comprend également quatorze territoires outre-mer liés à la Grande-Bretagne, au Danemark, à la France, aux Pays-Bas et aux États-Unis.

Des **navires** comme celui-ci furent utilisés par les Vikings pour explorer les côtes du Groenland et du continent nord-américain il y a un millier d'années.

Événements importants

La ligne temporelle ci-dessous commence à l'arrivée des premiers peuples d'Asie vers la fin du Pléistocène. Ce sont les ancêtres des Amérindiens.

L'histoire moderne de l'Amérique du Nord débuta en 1492, quand l'explorateur Christophe Colomb, parti d'Espagne, atteignit la mer des Caraïbes, pensant qu'il avait rejoint l'Asie. En réalité, il avait trouvé un « Nouveau Monde » inconnu des Européens de son époque. À la suite de cette découverte, beaucoup d'immigrants s'installèrent en Amérique du Nord. Les États-Unis proclamèrent leur indépendance par rapport à la Grande-Bretagne en 1776 et devinrent ensuite la plus puissante nation de la planète. Aujourd'hui, le continent est peuplé d'Amérindiens et d'un grand nombre de gens d'origine européenne, africaine et asiatique.

Dates importantes

- 10 000 av. J.-C. D'anciens peuples arrivent de l'Asie et se dirigent vers le sud en traversant l'Amérique du Nord
- 3000 De la poterie est fabriquée à l'endroit où se trouve aujourd'hui le Mexique
- 1150 La civilisation olmèque est fondée au Mexique
- 1er siècle apr. J.-C.
- 550 La ville de Mesa Verde, au Colorado, É.-U., est construite par les Indiens pueblos
- 800 La civilisation maya est fondée en Amérique centrale
- 1000 apr. J.-C. 1000 Les Vikings atteignent le continent nord-américain à partir du Groenland
- 1325 Montée des Aztèques au Mexique et fondation et la ville de Tenochtitlán, qui deviendra plus tard Mexico
- 1492 Christophe Colomb atteint le Nouveau Monde
- 1493 Les premiers colons espagnols arrivent en Amérique du Nord
- 1497 John Cabot, parti de l'Angleterre, explore de l'Amérique
- 1500

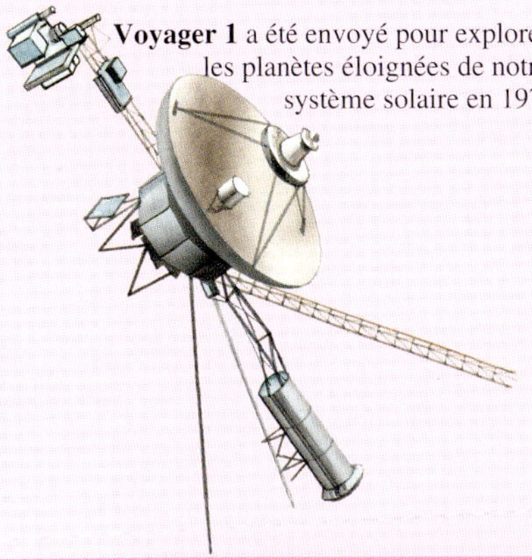

Voyager 1 a été envoyé pour explorer les planètes éloignées de notre système solaire en 1977

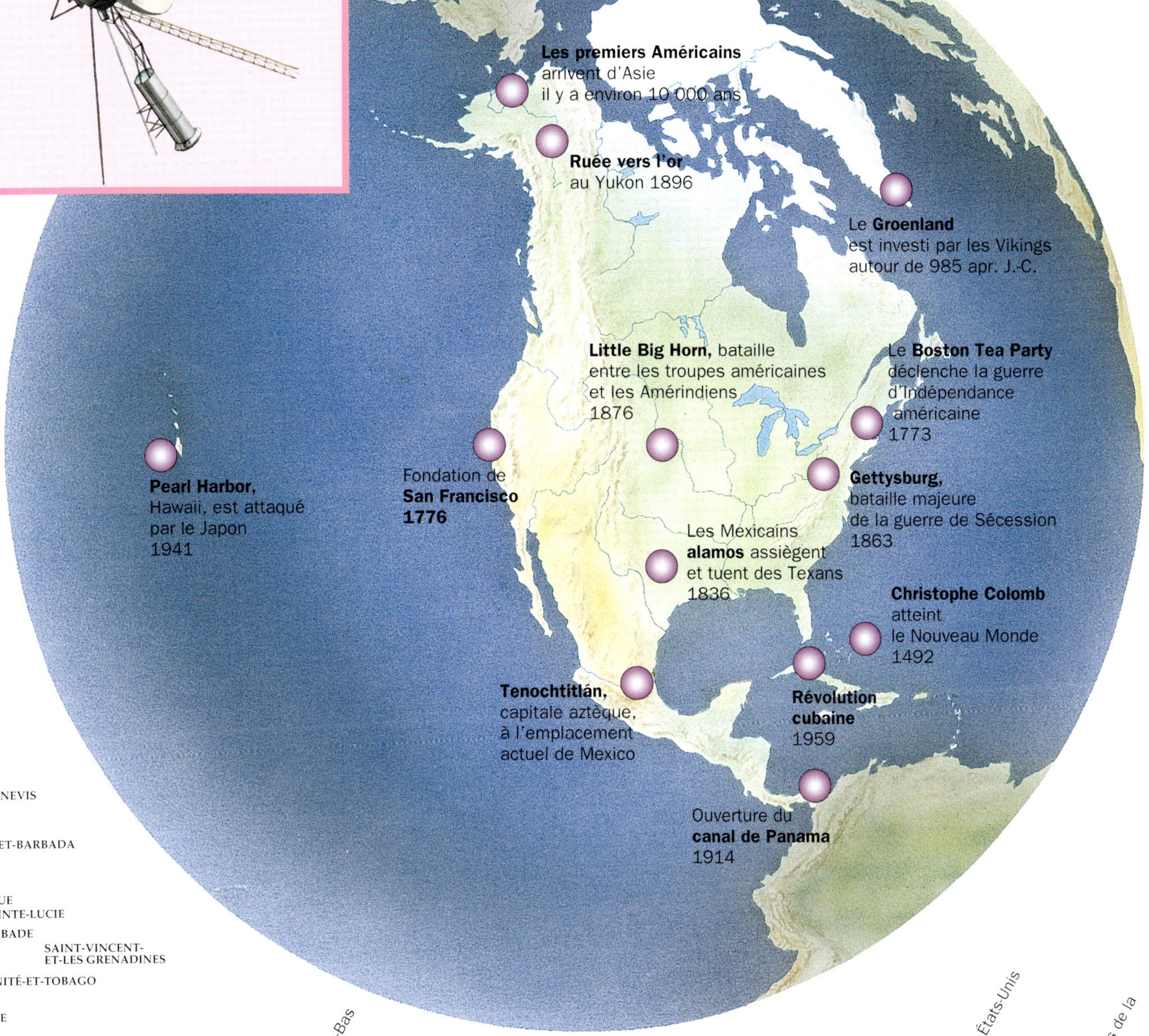

1510
1521 Hernán Cortez s'empare de la capitale aztèque au nom de l'Espagne
1565 Des colons espagnols s'installent à Sainte-Augustine, en Floride
1607-1624 Britanniques, Français et Hollandais s'installent le long de la côte nord-est
1608 Champlain fonde la ville de Québec
1664 La Nouvelle Amsterdam est enlevée aux Pays-Bas par les Britanniques et est renommé New York
1759 Les Britanniques enlèvent aux Français la ville de Québec
1775-1783 Guerre d'Indépendance américaine
1776 Déclaration d'Indépendance américaine
1789 George Washington devient le premier président des États-Unis
1821 Le Mexique s'affranchit de l'Espagne et devient un pays indépendant
1846-1848 Guerre entre le Mexique et les États-Unis
1861-1865 Guerre de Sécession américaine
1865 Assassinat du président américain Abraham Lincoln
1867 La Russie vend l'Alaska aux États-Unis
1867 Fondation du Dominion du Canada
1896 Découverte d'or au Klondike, Yukon, et début de la ruée vers l'or
1911 Révolution mexicaine
1914 Ouverture du canal de Panama
1941 Le Japon attaque Pearl Harbor, à Hawaii. Les États-Unis entrent dans la Seconde Guerre mondiale
1959 Révolution cubaine
1963 Assassinat du président américain Kennedy
1968 Assassinat du leader de la défense des droits de la personne Martin Luther King
1969 Le premier astronaute, envoyé par les États-Unis, marche sur la lune (Neil Amstrong)
1979 Guerres civiles au Nicaragua et au Salvador
2000

INDEX

Les nombres en **gras** renvoient aux cartes.
Les nombres en *italique* renvoient aux figures.